シティ・オブ・ホープ物語

木下良順・大野乾が紡いだ日米科学交流

早川 智
山口陽子

人間と歴史社

シティ・オブ・ホープ物語　目次

シティ・オブ・ホープ物語

木下良順・大野乾が紡いだ日米科学交流

日米科学交流のあけぼの

留学は「密航」から始まった?

経済・社会・文化、すべての領域でグローバル化が進んでいる二一世紀であるが、日本人の海外留学者は減少し続けている。高度成長に続く日本経済の相対的な失速に加えて、インターネットの発達により、居ながらにしてバーチャルな海外体験ができるようになったことがその背景にあろう。

しかしながら、実際に「留学」してみないと経験できないことも多い。第二次大戦後七〇年のあいだ、日本からもっとも多くの留学生を受け入れ、現在でももっとも人気が高いのはアメリカ合衆国である。アメリカ建国は一七七六年であるが、ハーバード大学（一六三六年創立）やイェール大学（一七〇一年創立）などの名門校の開校はイギリス植民地時代にさかのぼる。しかし、その時代の日本は一七世紀初頭の「鎖国令」（一六三五年・寛永一二年、海外渡航禁止令）の下にあり、若者が外国に学ぶことは不可能であった。

　黒船の来航するようになった江戸末期、難破船から救助されてアメリカで教育を受けた中浜万次郎*（ジョン万次郎）のような例外はあれ、みずからの意思でアメリカ留学を志した最初の日本人は吉田松陰*（よしだしょういん）であろう。

　西洋技術と東洋の精神の融合（東洋の道徳・西洋の芸術）を説いた幕末の思想家・佐久間象山（さくましょうざん。一八一一～一八六四）の門下生だった吉田松陰（寅次郎）は、嘉永七年（一八五四）にペリーが「日米和親条約締結」のために再航した際に、同じ長州藩士・金子重之輔（かねこしげのすけ。一八三一～一八五五）と二人で、海岸に係留されていた漁民の小舟で旗艦ポーハタン号に漕ぎ寄せた。

　しかし、アメリカ側から渡航を拒否されて下田奉行所に自首、伝馬町牢屋敷に投獄された。国禁を犯す大罪だったが、開明派の海岸防禦御用掛・川路聖謨（かわじとしあきら。一八〇一～一八六八）と老中・阿部正弘（あべまさひろ。一八一九～一八五七）の判断で死罪をまぬかれ、長州へ檻送されて「野山獄」に幽囚されるにいたる。

吉田松陰の試みの一〇年後、函館からアメリカ商船ベルリン号に乗り込んで脱出を果たしたのは、当時二一歳だった新島襄*（にいじまじょう）である。新島は上海でワイルド・ローバー号に乗り換えてボストンにわたり、アマースト大学に学んで農学士となった。このときの恩師がかのクラーク博士であり、一説には新島の優秀さに感動して札幌農学校赴任を決めたといわれている。

明治七年（一八七四）には駐米公使・森有礼（もりありのり。一八四七～一八八九）に面会して、それまでの密航者から正式の留学生の身分を与えられ、帰国後は「同志社」の創立者となった。

明治三八年（一九〇五）、山路愛山（やまじあいざん。歴史家・信濃毎日新聞主筆。一八六四～一九一七）は新島を、「彼は成功したる吉田松陰となりて始めて米国の地を踏みたり」と評している。

のちに、平川祐弘（ひらかわすけひろ。比較文学研究者・評論家）は、この二人がともに生命の危険を冒して鎖国下の日本を脱出して渡米を試みたのは、たんに勉学の志ではなく、「敵国事情を視察する」使命感にあったのではないかとしている。

＊中浜万次郎　通称・ジョン万次郎。土佐中浜浦の漁師の子。一八四一年出漁中遭難して鳥島に漂着。アメリカの捕鯨船に救われマサチューセッツ州ニューベドフォードに伴われた。船長の好意で学校教育を受け、一八五二年帰国。のち開成学校教授。一八二七〜一八九八。

＊吉田松陰　長州藩士。杉百合之助の次男。通称・寅次郎。佐久間象山に洋学を学び、つねに海外事情に意を用いる。松下村塾を主宰。安政の大獄で刑死。『講孟剳記』は孟子を世界的視野に立って実践的に解釈したものとして知られる。一八三〇〜一八五九。

＊新島襄　プロテスタントの教育者。上州安中藩士の家に生まれ、漢学・蘭学を学び「漢訳聖書」を読んで感動。渡米後キリスト教に入信、理学・神学を学んで帰国。一八七五年同志社英学校を創設。一八四三〜一八九〇。

官費か自費か

政治・経済・軍事・芸術すべての分野で、明治政府は西洋の先進国に留学生を送ることになるが、渡航先でもっとも多かったのは当時の超大国だったイギリス、そしてフランス・ドイツであり、一九世紀後半まだ新興国と認識されていたアメリカへの留学生はこれらヨーロッパの大国に比べて少数だった。

第一次世界大戦を契機として、経済力でアメリカはイギリスを抜き去ったが、文化面ではヨーロッパ諸国の後塵を拝する国と認識されており、旧制高校→帝国大学というエリートコースを進んだ官費留学生はアメリカ留学を好まず、エリートコースに乗りそこなった金満家子弟の遊学か、逆に南方熊楠*（みなかたくまぐす）、野口英世*（のぐちひでよ。ペンシルバニア大学卒）、星一*（ほしはじめ。コロンビア大学）のように〝身一つ〟で渡米し、なんとか工面して学資を自弁しつつ学を究めるかの両極端だった。

＊南方熊楠　民俗学者・博物学者。一八八六年アメリカに遊学、一八九二年（明治二五）イギリスに渡り、大英博物館東洋調査部員となる。一九〇〇年帰国。粘菌を研究し、諸外国語・民俗学・考古学に精通。博覧強記・奇行をもって知られる。一八六七～一九四一。

＊野口英世　細菌学者。苦学して一八九七年医術開業試験に合格。翌年伝染病研究所に入所。一九〇〇年（明治三三）渡米、ヘビ毒を研究し、一九〇四年ロックフェラー研究所に入所、研究員になる。一九一三年進行性マヒおよび脊髄癆が梅毒疾患であることを証明。アフリカ西部のアク

ラで黄熱の研究中に感染して病没。一八七六～一九二八。
＊星一　実業家・政治家、作家・星新一の父。「勇気が成功を生む」との自覚から二〇歳で渡米。コロンビア大学で経済学と統計学を学ぶ。帰国後、星製薬を築いた。星薬科大学の創立者。モルヒネの国産化に成功、「東洋の製薬王」と呼ばれた。ロサンゼルスにて客死。一八七三～一九五一。

戦争の傷痕と復興

「満州事変」（一九三一年）から「太平洋戦争」の終了（一九四五年）まで、二国間関係の悪化、さらに戦争によってアメリカとの学術交流はほとんどなくなってしまう。戦前は世界の五大国のひとつと自負していた日本であるが、戦争によってインフラ設備も人的資源も徹底的に破壊されてしまった。やがて、一九五二年（昭和二七）発効の「サンフランシスコ講和条約」によって正式に国際社会復帰を果たしたが、それ以前から旧敵国であったアメリカとの知的交流はすでに始まっていた。

戦前からの知的交流を保っていた一部の例外を除き、終戦後早い時期の留学の動機は、吉田松陰同様、先の戦いで同胞を殺めた憎き「敵国」のようすを探り、きたるべき復讐戦に備えるといった物騒なものだった。しかし、敵地に乗り込んだ留学生を迎え入れたアメリカのアカデミアの人々は親切であり、大きな戦争を終えたばかりにもかかわらず、アメリカ社会は豊かで明るかった。

第二次大戦は、敗戦国であるドイツのみならず、戦勝国であるイギリスやフランス経済にもきわめて大きな傷を残した。人的資源の枯渇に加えて、旧植民地の独立はヨーロッパの知的伝統を維持するだけの経済的余裕を奪っていった。第二次大戦前には高い知的水準にあったハンガリーやチェコなどの東欧諸国はソ連の衛星国として共産主義の支配を受け、自由なアカデミズムは期待できなかった。

アメリカは戦前にも「ロシア革命」(一九一七年)を逃れた文学者ウラジミール・ナボコフ(一八九九〜一九七七)や作曲家にして名ピアニストのセルゲイ・ラフマニノフ(一八七三〜一九四三)、ヘリコプターの発明者イーゴリ・シコールスキイ(一八八九〜一九七二)など、学者・文化人を受け入れ、さらにはナチスの迫害を逃れて渡米した理論物理学者アルバート・アインシュタイン(一八七九〜一九五五）やポーランドの物理学者レオポルト・インフェルト（一八九八〜一九六八）など、ユダヤ人科学者の受け皿となった。

それは、少なくとも建前ではアメリカが宗教や人種を問わない自由な競争社会であることを国是とし、ヨーロッパで受け入れられなかった、あるいは研究を継続できなかった学者たちに全米の大学や研究所に活躍の場を提供することにより、経済面だけでなく、文化面でもヨーロッパを越えようという〝国家戦略〟が見えかくれする。

責任ある地位を提供されたこの時期の移住者はすでに故国で高い評価を得ていた学者に限られるが、われらが「木下良順」（きのしたりょうじゅん。一八九三〜一九七七）もその一人であろう。

一九三七年・東京

宿題報告

「ゆえに、食品中の添加物質がきわめて短期間の投与によっても家鼠（イエネズミ）に肝臓がんを誘発しうることが実験的に証明できたわけです」

――大阪帝国大学教授・木下良順は病理学会の会場を埋める研究者たちをにこやかに見渡し、ゆっくりと宿題報告「発癌性化学物質の研究」を結んだ。満場の拍手。

昭和一二年四月、東京における日本病理学会総会の場である。

「宿題報告」とは何か……。

医学畑以外では聞きなれない言葉であるが、「学会がその専門とする学問領域において、現在または将来の重要と思われる課題を選択し、その課題について適切と考えられる個人または団体に検討を依頼し、学会において報告させるもの」と定義される。

最近この言葉を使う学会は少ないが、戦前から該当領域でもっとも注目される先進的課題を少壮気鋭の学者が発表する学会の華であった。

悪性腫瘍（がん）とは何か。なぜ起こるのか――。これを調べるのは病理学者の仕事である。

がんの歴史

「がん」の歴史は脊椎動物の歴史とともにある。まれではあるが、年老いた恐竜など古生物の化石には腫瘍性の破壊の痕跡をみることができる。猿と分化して間もない旧石器時代の人骨にも骨肉種や骨転移の所見があることから、がん（上皮性悪性腫瘍であるがんと非上皮性腫瘍を総称）が人類の歴史とともにあったことは疑いがない。

しかし、平均寿命の短い先史時代には感染症や事故で落命することが多く、老年になって発症することの多いがんや虚血性心疾患、脳卒中など現代の生活習慣病で生を終えることはむしろまれであった。

西洋医学の始祖であるヒポクラテス*は、ギリシャ語で「蟹」（かに）を意味する「カルキノス」（ラテン語では「カルチノーマ」）という言葉を用いて、乳腺・頭頸部・胃・皮膚・子宮頸部、そして直腸の悪性腫瘍を記載している。しかしながら、病理医も顕微鏡も存在しない古代ギリシャ時代に、ともに腫れ物である炎症性腫瘤と悪性腫瘍を区別することは不可能であった。

ヒポクラテスはその警句集に、「隠れたカルキノスにはどんな治療も行なわないのがよい。もし、治療を施せば患者の死を早めることになる」という言葉を残している。

一七世紀にオランダの市民博物学者レーウェンフック*によって発明された顕微鏡が病理診断学に応用される一九世紀以降、ウィルヒョウ*らによって、際限なく続く細胞の増殖（無限増殖）、周囲の正常組織の破壊・浸潤、そして遠隔臓器への転移といった、悪性腫瘍の基本的な性状が明らかにされた。

*ヒポクラテス　古代ギリシャの医学者。病人についての観察と経験を重んじ、経験科学としての医学の基礎を築く。医師の倫理（ヒポクラテスの誓い）を強調した。前四六〇～前三七五頃。

*レーウェンフック　顕微鏡を自作し、細菌・原生動物を発見。また筋肉の縞模様、赤血球の構造、昆虫の口器などの詳細なスケッチを発表した。一六三二～一七二三。

*ウィルヒョウ　ドイツの病理学者。病気を細胞段階で追求する「細胞病理学」を提唱。さらに細胞は細胞からのみ生ずることを強調、細胞説の発展に寄与した。社会医学・人類学にも貢献。一八二一～一九〇二。

人工発がんに成功

「化学発がん」の歴史は、古くは一七七五年に、煙突掃除人の睾丸腫瘍を報告したイギリスの外科医*パーシバル・ポットに遡るが、実験的にこれを証明したのはわが国の*山極勝三郎（やまぎわかつさぶろう）である。

東京帝国大学医学部を卒業し、細菌学者を目指して官費でドイツ留学した山極だが、*ロベルト・コッホは気心の知れた愛弟子の*北里柴三郎（きたざとしばさぶろう）を手放さず、当時無名の若手だった山極はコッホの親友、ウィルヒョウの教室に配属された。

ウィルヒョウには慢性の炎症刺激ががんを引き起こすという信念があり、これを受け継いだ山極は帰国したあとも周囲の冷笑にめげず、*市川厚一（いちかわこういち）助手とひたすらウサギの耳に「コールタール」（石炭タール）を塗るという、地味な実験をつづけた。

そして一九一五年（大正四）、世界に先駆けて「人工発がん」に成功した。惜しむらくは一九二六年（昭和元）、同じく「刺激説」に立ったデンマークの病理学者*ヨハネス・フィビゲルにノーベル賞（生理学・医学賞）が与えられながら、候補だった山極には与えられなかったことである。

フィビゲルの「ゴキブリ線虫」（ゴキブリを宿主とする線虫）によるマウスの発がん実験はのちに誤りと判明したが、いったん出された賞の取り消しはない。

しかし、山極の化学発がん実験は日本のお家芸となり、「吉田肉腫」に名を残す*吉田富三（よしだとみぞう）によるオルト・アミドアゾトルオオール（アゾ色素）経口投与による肝臓がん生成につながる。

しかし、吉田の実験系では発がんまで非常に長期間を要すること、通常は摂取しない物質であること、そして発がん率もそれほど高いものではなかったため、慢性炎症は他の要因による発がんが進みやすい「場」を与えるのみではないかという反論があった。

そんななか、木下良順は当時、食品添加物として広く用いられてきた「バターイエロー」をラットに食べさせることで、短期間のうちに「肝臓がん」の作製に成功したのだった。

バターイエロー＝正式名「4－ジメチルアミノベンゼン」（DAB）は、その名のとおり鮮やかな黄色を呈する。このことから、当時バターをはじめ数々の食品に添加物として使用されていたこともあって、非常に社会的影響の大きい研究でもあった。このバターイエローによる発がん研究は、化学物資が発がんの直接的な原因となるという、世界で初めての証拠となった。

木下良順が華やかな宿題報告を行なったその年、アメリカ・南カリフォルニア・ロサンゼルス郊外の小さな病院が創立二五周年を迎えようとしていた。砂漠の中の二つのテントから始まったこの病院は、主にユダヤ人篤志家の寄付を受けて病床と医師・看護婦の数を徐々に増やしていたが、一流とはいいがたいものであった。

日米両国がこのあとに激しい戦火を交え、さらにその後、木下が無名に近かった小規模病院付属研究所を全米でも有数の研究機関に育て上げることは、神ならぬだれもがこの時点では予想もしなかった。

＊パーシバル・ポット　がんが発癌物質によって引き起こされることを疫学的に示した最初の科学者。整形外科の創始者の一人。脊椎カリエスは「ポット病」とも呼ばれるほか、多くの外科疾

患に「ポット」の名が付けられている。一七一四～一七八八。
＊山極勝三郎　病理学者。一八九二年ドイツに留学、コッホ、ウィルヒョウに師事。一八九四年帰国、翌年東大教授。一九一五年市川厚一とともに人工タールがんの発生に成功。一九一九年学士院賞。一八六三～一九三〇。
＊ロベルト・コッホ　ドイツの細菌学者。敗血症の研究、結核菌（一八八二）・コレラ菌（一八八三）など多くの病原菌を発見。ツベルクリンの発明および牛疫・マラリアなどの研究を行ない、近代医学創設者の一人となる。一八四三～一九一〇。
＊北里柴三郎　一八八六年ドイツに留学、コッホに師事。一八八九年破傷風菌の純粋培養に成功。さらにベーリングとともに血清療法を創始した。北里研究所を創立。一八五二～一九三一。
＊市川厚一　獣医病理学者。のち北大教授。一八八八～一九四八。
＊ヨハネス・フィビゲル　一九〇七年マウスの胃癌を比較研究しているさい、線虫の一種である「*Spiroptera carcinoma*」を発見。胃に異常が認められないマウスに線虫が寄生したゴキブリを与えると高い確立で胃癌が発生することを確認。次いでネコに寄生する条虫を用いマウスに肝臓肉腫の発生することを確認。この「寄生虫発癌説に関する研究」によりノーベル賞受賞（一九二六）。しかし一九五二年アメリカのヒッチコックとベルの検証（悪性腫瘍の像はなし）により「寄生虫発癌説」は誤りとされた。一八六七～一九二八。
＊吉田富三　病理学者。ラットの腹水癌である吉田肉腫と腹水肝癌の発見で実験腫瘍学に新たな地平を拓いた。長男は大河ドラマ『太閤記』『源義経』『樅ノ木は残った』の演出で知られるテレビディレクターの吉田直哉。一九〇三～一九七三。

一八九三年・和歌山

良順・誕生

明治二六年（一八九三）、維新後四半世紀を経て、曲がりなりにも日本は近代国家としての体裁《ていさい》を整えつつあった。日清戦争の始まる二年前である。

この年、医家・木下家に男児が出生した。この物語の主人公・木下良順である。

父・行道は明治一九年（一八八六）七月に和歌山県立医学校を卒業し、医師開業免状を受けて父祖の地で眼科医院を開業していた。腕のよい医者として多くの患者が集まったが、紀州藩時代からの分限者で持ち山や田畑も多く、貧家からは謝礼を受けなかった。

いまの日本は「国民皆保険」で誰もが一定までの医療費で高水準の医療が受けられるのが当たり前であるが、戦前には払えない患者には礼金をとらないという「医は仁術」が存在したのである。そのためには医業以外で十分食べてゆけるだけの資産がなければ立ち行かないわけであるが、なぜかそのことは忘れ去られている。

行道は和歌山県立医学校入学前に東京に遊学し、「済生学舎」（日本医科大学の前身・日本最古の私立医科大学）に学んでいたころ、知遇を得た松本良順（まつもとりょうじゅん。一八三二～一九〇七）に深い影響を受けてその名を長男に与えた。

松本良順は「順天堂」の創始者・佐藤泰然（さとうたいぜん。一八〇四～一八七二）の子で、幕府奥医師・松本良甫（まつもとりょうほ。一八〇六～一八七七）の養子となり、長崎で蘭医ポンペ（一八二九～一九〇八）に学び、主流だった漢方医との競争に勝ち抜いて幕府医学所頭取となり、戊辰戦争では奥州から函館を転戦した。

函館戦争後、新政府の捕虜として収監されるが、山縣有朋（やまがたありとも。

一八三八〜一九一二）にその才を惜しがられて明治政府に出仕、初代軍医総監となって男爵に叙せられるという、波乱万丈の人生を送った傑物である。

松本良順は、維新前は幕府の法眼として将軍の脈をとる一方、庶民をわけへだてなく診察した。維新後も医療行政に携わる一方、晩年まで臨床家としての職務を忘れなかった。晩年には親友・長谷川泰（はせがわたい。一八四二〜一九一二）に乞われて彼が創始した「済世学舎」でも教鞭をとっており、その弟子の一人が木下行道だった。

名家に生まれて

われらが木下良順も、その名に負けない人生を送ることになる。

良順はここ和歌山で、明治二六年（一八九三）九月に生まれた。男四人・女一人の長男で、妹はのちに住友総理事（第七代）として財界に名を遂げた古田俊之助（ふるたしゅんのすけ。一八八六～一九五三）に嫁ぐことになる。貧富の格差が大きかった時代であるが、地方の名家の暮らしは現在では考えられないほど豪勢で、多くの使用人がいた。

のちに良順が大阪帝国大学に移ったあとも、同僚の教授・赤堀四郎（あかほりしろう。生化学者・生物有機学。一九〇〇～一九九二）と小竹無二雄（こたけむにお。化学者。一八九四～一九七六）を和歌山の持山での「松茸狩り」に招待し、見渡すかぎり木下家の持ち山の林間に、紅葉（もみじ）で酒を温めて「松茸すき焼き」を楽しんだ、という逸話がのこっている。

地方の名望家たる行道だったが、一つだけ面白くなかったのは、医者の世界のヒエラルキーである。昔も今も旧帝国大学、とくにその頂点たる東京帝国大学出身者とそれ以外では世間の扱いが違う。大学病院の教授と町医者の身分も現在とは比較にならないほど大きかった。

偉丈夫・ボート部で活躍

一門の期待を背負った木下良順であるが、さほど苦労することもなく、京都の旧制第三高等学校を経て、東京帝国大学医学部に大正五年（一九一六）九月に入学した。入学前も在学中も〝ガリ勉〟したという話もなく、いまでいうところの「地頭」が良かったのであろう。良順は当時としては珍しい一七五センチの〝偉丈夫〟で、多くの運動部から声がかかったが、三高時代の経験を生かしてボート部に入部。講義出席にはあまり熱心でなかったが、そのぶんボートの練習に熱中した。

「みんなでひとつ、揃《そろ》いのセーターを誂《あつら》えようじゃないか」

――良順の提案により、合宿では老舗の銀座・田屋から揃いの臙脂《えんじ》色のセーターを購入し、部員はそろってボートレースに着用したという。

「戦前」というと暗いイメージがあるが、大正時代の帝大生活はモダンなものだった。東京帝大ボート部は早慶と並んで日本でも草分けの一つだが、東京高商（現・一橋大）との対抗レースが「東都の華」だった。日本初の滑席艇《かっせきてい》レースとなった大正八年（一九一九）春の「東大ボートレース」では、満開の桜の下、両国橋下から向島《むこうじま》・言問《こととい》艇庫間で、医学部が工学部・法学部を下して優勝することができた。数日後に医学部あげての盛大な祝賀会が催されたが、良順は早々にぬけ出して母と妹が暮らす本郷の家に戻り、仲間と鶏のモツ鍋を楽しみ、

「これがいちばん安くていちばんうまい」

と盛り上がった。

学生時代の木下良順は、蒼《あお》ざめたインテリとは真逆のスポーツマンタイプだった。頭脳明晰・気概卓越・発想透逸、そのうえ上背があってスマートなジェントルマン……。きわめておおらかで、のんきな男で、会う人をおだやかな気分にした。まさに大正デモクラシーの申し子である。この人柄と語学力が、留学時代と後年の渡米で真価を発揮した。

学生時代の木下良順
写真提供：ロストピーク・昭子

一九二二年・フライブルク

今なお残る「医学＝ドイツ語」の怪

世間ではいまだ医者というと、「ドイツ語ができる」と誤解されている。実際、多くの医学部では教養課程でドイツ語（フランス語やロシア語選択もあり）を習うが、実際のところは医者になったころには忘れているのである。さらに電子カルテの導入以来、大げさにいうと、日本の医療文化が変わってしまった。他科の医師はもちろん、看護師や放射線技師、薬剤師などにも理解できるように、わかりやすい「日本語」で入力することが原則になっている。したがって、医学生や研修医のドイツ語学習意欲は低下する一方である。

しかし、「エッセン」（「食事」のこと）、「クランケ」（患者さん。もっとも今では「患者様」という変な日本語が横行しているが）、「ステる」（ステルベン＝亡くなる）といった「ジァーゴン」（隠語）だけが独歩（シャレにあらず）している現状を、ドイツから明治日本に近代医学をもたらしたベルツ博士*は天国でどのように見ておられるだろうか。

一方、医学英語のほうは、医学・生物学領域における論文の国際化と相まってますます盛んであるが、論文の読み書きだけでなく、学会の場で的確な論議とその後の情報交換会でのウイットに富んだ会話はまだまだ苦手な人が多い。留学から帰ってきてすぐの学会などで変に攻撃的な英語で論争を吹きかける若手研究者もいる（たいていポケットに片手を入れている）が、本当は講演会後のフロアでの歓談から共同研究が生まれるということが多いことも知っておいて欲しい。

*エドヴィン・フォン・ベルツ　ドイツの医学者。一八七六年来日。一九〇二年まで東大医学部（初め東京医学校）の教師として日本の近代医学の育成に貢献。脚気（かっけ）、癩（らい）、肝臓ジストマなどを研究。温泉療法を普及。宮内庁御用掛を経て一九〇五年帰国。一八四九～一九一三。

蘭学からドイツ医学へ

明治維新前、わが国の西洋医学は細々と長崎のオランダ商館から伝えられ、「蘭学」は西洋の学問への窓口だった。

享保年間（一七一六～一七三六）、幕府の書物奉行・青木昆陽*（あおきこんよう）が蘭書の訳読をしたのに始まり、前野良沢*（まえのりょうたく）、杉田玄白*（すぎたげんぱく）、大槻玄沢*（おおつきげんたく）ら多数の蘭学者が輩出した。また、シーボルト*の寄与も大きかった。

蘭学は医学のみならず数学・兵学・天文学・化学などの数多くの学術領域におよんだ。

しかし、「普墺戦争」（一八六六年ドイツ統一の主導権をめぐってプロイセンとオーストリアとの戦争）、「普仏戦争」（一八七〇～一八七一年プロイセンとフランスとの戦争）を経て欧州大陸の覇者となり、イギリスとその地位を競うようになったドイツ帝国は、医学の面でも世界最先端となった。

これには経済の発展に加えて、科学技術の発展に国力を集中したビスマルク*と、この大宰相に反発しながらも研究支援への支出をいとわなかったウイルヘルム二世*らの貢献が大きい。

前出の北里柴三郎、山極勝三郎、森鴎外（もりおうがい。陸軍軍医総監・作家。一八六二〜一九二二）ほか、帝国大学を卒業した明治の医師・医学者の多くはドイツに留学している。

第一次大戦の敗北によってドイツ*帝国は崩壊し、一三二〇億金貨マルクともいわれる巨額の賠償金を課せられたものの、科学技術はきわめて短時間のうちに復興を遂げた。のちに世界を席巻する「ライカ」のカメラや「フォルクスワーゲン」の自動車、初めての抗菌薬である「サルファ剤」などはこの戦間期の発明である。

＊青木昆陽　江戸中期の蘭学者・農学者。蘭学の始祖。伊藤東涯に儒学を学ぶ。凶年の救荒（きゅうこう）作物として「甘薯」に注目、栽培法を研究。通称「甘薯先生」。一六九八〜一七六九。

＊前野良沢　江戸中期の蘭医。始め古医方を学ぶが、四六歳で青木昆陽にオランダ語を学び、長崎にて研究。杉田玄白らとともに死体解剖を実見。蘭書「ターヘル・アナトミア」を共訳、「解体新書」と名づける。一七二三〜一八〇三。

＊杉田玄白　江戸中期の蘭医。蘭書「ターヘル・アナトミア」の人体図の正確さに驚き「解体新書」の翻訳を遂行。文才に優れ随筆も多い。『蘭学事始』など。一七三三〜一八一七。

＊大槻玄沢　江戸後期の蘭医。仙台藩侍医。江戸に出て杉田玄白・前野良沢に医学・蘭学を学び長崎に遊学。蛮書和解御用を務め、その家塾・芝蘭（しらん）堂は当時の蘭学の中心であった。儒者としても知られる。一七五七〜一八二七。

＊シーボルト　ドイツの医学者・博物学者。一八二三年オランダ商館医として長崎に来日。鳴滝塾を開き、高野長英・伊東玄朴ら多くの門人に医術を教授し、実地に診療した。一七九六〜一八六六。

＊ビスマルク　ドイツの政治家。ユンカー（「若い貴族」の意）出身。プロイセン首相として普墺戦争・普仏戦争に勝利し一八七一年ドイツ統一を達成。ドイツ帝国宰相となりヨーロッパ外交の主導権を握り、複雑な同盟システムで帝国の安全保障に努力。内政では保護関税主義をとり産業を育成、社会主義運動を弾圧。一八九〇年ウイルヘルム二世と衝突し、辞職。通称「鉄血宰相」。一八一五〜一八九八。

＊ウイルヘルム二世　プロイセン国王。ドイツ皇帝。ビスマルクを斥けてみずから国策を指導。世界政策を標榜、軍備を充実、とくに海軍を増強、近東への進出を図ったため英・仏・露との対立を招き、一九一四年第一次大戦に突入。敗戦の結果、一九一八年のドイツ革命により帝位を退きオランダに亡命。特徴的な「カイゼル髭」で知られる。一八五九〜一九四一。

＊ドイツ帝国　一八七一年成立したドイツ統一国家。四王国・六大公国・五公国・七侯国および三自由市からなる連邦国家。神聖ローマ帝国に対し「第二帝国」と称した。一九一八年ドイツ革命により崩壊。「第一帝国」は神聖ローマ帝国で、中世から一九世紀初頭まで続いた。「第三帝国」は一九三三年から一九四五年にかけてナチスの支配したドイツ帝国の通称。

アショフ教授・スターリング教授のもとで

第一次大戦で敵対したものの、日本とドイツの学術交流は途絶えることなく、われらが木下良順も東京帝国大学を卒業して北海道帝国大学病理の助手としての二年を過ごしたのち、常道どおり一九二二年（大正一一）から、南ドイツ・フライブルグのルードヴィッヒ・アショフ教授（一八六六〜一九四二）のもとに病理学研究のため留学した。アショフはウィルヒョウ、レックリングハウゼン（一八三三〜一九一〇）の流れをくむドイツ病理学の大御所であり、リウマチ熱患者の心臓にみられる「アショフ結節」に今もその名を残している。

良順の東京帝国大学の先輩で、「ツツガムシ病」の発見者である川村麟也（かわむらりんや。一八七九〜一九四七）ほか、多くの日本人留学生が指導を受けた。もっとも、指導教官のアショフ教授本人はその時期にマウントサイナイ病院の招きで渡米、さらに日本を経て世界旅行の途にあったため、学問的にはあまり得るものはなかった。

近郊のシュワルツワルド（ドイツ南西端の山地）の森で、同じ研究室の大野精七（おおのせいしち。のちに北大産婦人科教授、日本に本格的なスキーを導入。一八八五〜一九八二）の指導のもとに本場のスキーを習得、リヒャルト・シュトラウス自演によるオペラ『薔薇の騎士』を鑑賞するなど、それなりに楽しんだようではあるが、一九二四年に、イギリスはロンドン大学生理学のスターリング教授（一八六六〜一九二七）のもとに転じた。

スターリングは消化管ホルモンのひとつ「コレシストキニン」の発見ですでに世界的名声を得ていたが、良順の留学当時はイヌの心肺標本を用いて静脈還流の変化による右心房圧による心臓の拍出量の変化を研究し、現在も循環器領域で「フランク・スターリングの心臓法則」とも呼ばれる原理を明らかにしつつあった。

このスターリングのもとでの研究は、良順の従来の、そして、帰国・渡米後の研究とはまったくかけ離れた領域であったが、イギリスの水が良順に合ったのか、この地で一九二六年（大正一五）に北海道帝国大学病理学教室教授として帰国するまで二年を過ごすことになる。もっとも公費留学はドイツを含む最初の二年だけで、後半二年は自費だったらしい。木下家にはこれを十分支えるだけの仕送りが可能だったのである。

スターリングの教室は当時イギリスでも有数の生理学のメッカとされ、良順は実験器具の使い方とそして修理法を身に付けたという。いまでこそ実験器械は安定で、購入後そのまま使うのがあたり前であるが、当時ははなはだ壊れやすく、不安定なものだった。

以下、若干の余談を許してほしい。

昨今、医学生物学研究の細分化に伴い、大学院時代あるいは研究生時代に指導教官からテーマを与えられると、学位取得後もひたすらこれを掘り下げてゆく研究者が多い。しかし、そのテーマや関連領域に「将来性がない」と思ったときには、潔くこれを捨てて、新たなテーマを選ぶ勇気も必要である。もちろん、研究テーマに浮気根性を出すと一つも物にならないこともある。しかしながら、せめて留学時くらいは古巣の研究とは違うことをやったほうが将来の展望が開けると思う。

生涯を決める出会い

木下良順はスターリング研究室とはまったく異なった領域で画期的な仕事を残すことになる。弟子の大野乾も同様である。大野が、「師匠の後を追いかける弟子は縮小再生産にしかならない」といっていたことを思い出す。

良順は同時期にロンドン大学に留学していた東大医学部・ボート部先輩の東龍太郎*（あずまりょうたろう）といっしょにイギリス生活を満喫したらしい。同時期にイギリスにいた、同じく貴族趣味の白州次郎*（しらすじろう）や少し前の大倉財閥二代目総帥・大倉喜七郎（おおくらきしちろう。一八八二〜一九六三）男爵との接点があった可能性もあるが、これを裏づける資料はない。

この地で、良順の生涯を決める出会いがあった。夫人となるフローレンス・マルゲリータ・リストンとの大恋愛である。

良家の令嬢で美人だったフローレンスには多くの崇敬者がいたが、最後に残ったのが木下良順と三菱財閥の御曹司・岩崎彦弥太（いわさきひこやた、一八九五～一九六七）であった。夫人は後年、

「それは三菱ボーイのほうがお金はあったの、でもわたしはパパのほうがよかったの」

とのろけ、良順もまんざらではなかったという。

外国人との結婚、それも第一次大戦を経て「世界の五大国」とうぬぼれていた大日本帝国ではあるが、上流階級のイギリス人にとっては東洋の〝未知の国〟にすぎない。家族は猛反対したらしいが、フローレンスは良順とともに旅立つことを決める。これが彼女自身、そして良順の運命を決めることになるとは若い二人は予想もしなかった。

フローレンス・マルゲリータ・リストン
写真提供：ロストピーク・昭子

＊東龍太郎　東京帝国大学医学部卒業後、ロンドン大学に留学、物理化学・生理学を専攻。東京都知事（一九五九～一九六七）・日本赤十字社社長・日本スキー連盟会長等を歴任。大学在学中はボート部の選手として活躍。一八九三～一九八三。
＊白州次郎　若くしてイギリスに渡り、ケンブリッジ大学クレア・カレッジに留学。オイリー・ボーイ（車好き）で、ベントレー・ブガッティを所有、週末はレースに熱中した。日本の敗戦を予見し鶴川に移住、農業に従事。敗戦後、吉田茂に請われてＧＨＱ（連合国総司令部）との折衝にあたる。ＧＨＱから「柔順ならざる唯一の日本人」と評される。一九〇二～一九八五。

国際結婚

若いときに海外で〝異文化〟に触れると人生が大きく変化・展開する。

木下良順は四年あまりのドイツ・イギリス留学中に医科学研究の基礎を研いただけでなく、イギリス人の生涯の伴侶を得た。しかしながら、木下が横浜港に帰国した際、出迎えた両親は国際結婚の話を聞いておらず、良順に合った家柄の令嬢をお嫁さんに決めていた。

日本に向かう船上で、木下は異国人との結婚の話をどう切り出すか、たいへんに悩んだそうである。

明治の森鴎外の家族は舞姫・エリスを無残にも追い帰すが、木下家は暖かく受け入れることになった。

やはりここは大正デモクラシーの世である。親が決めた婚約者のご令嬢にはまことに申し訳ない話であるが、若い良順の頭にそのことはなかった。ましてやイギリス人であるフローレンスには、家柄のつり合った相手を紹介することはあっても、顔も見ないで婚約を決めるという極東の国の習慣は想像もできないことだった。

余談だが、もともと日本では奈良時代、平安時代から男女の自由な恋愛は「国柄」であったが、鎌倉時代以降、家と家の結婚という意識が高まり、芸妓以外の「一般家庭」の女性が好きな男性と結婚するということはきわめてまれだった。男女当人がその意思で結婚を決めるという「自由恋愛」は明治時代は絵空事だったが、大正時代になって、初めて小説から現実のものとなった。

風雲急を告げる

二〇世紀初頭の日本を統治した大正天皇は治世（在位一九一二～一九二六）が短かかったため、明治・昭和の両大帝にくらべて影が薄いが、この時代の「精神」(Zeitgeist）を象徴していると思う。

鷹揚《おうよう》でユーモアを好み、近臣の意見を聞きながら的確な判断を下す名君だったらしい。また、歴代天皇の中でも「三大名筆」の一人ともされる。ただ、晩年、体調を崩してからは立憲君主としての政務は、より真面目な摂政宮（のちの昭和天皇）が代行し、野心的な政治家と官僚・軍部の勢力争いが表面化する。

巷間では、第一次大戦終了、日英同盟終了からアメリカの日本侵略計画と日本の大陸進出がせめぎ合って太平洋戦争に至ることになっているが、このときは日米両国ともまだ本気で戦争準備に入るつもりはなかった。もちろん軍人は「仮想敵国」としてあらゆる事態を想定して計画を立てるし、軍事費も含めた省庁予算の獲得競争は昔も今も変わらないが、この時期、大正一一年（一九二二）、成立の「ワシントン海軍軍縮条約」は機能していたのである。主力艦建造を一〇年間停止、保有量比を英五・米五・日本三と定めたこの条約の締結によって、戦艦八・装甲巡洋艦八からなる帝国海軍の「八八艦隊」計画は頓挫する。

この時点では、シビリアンコントロールが機能していた。しかし、昭和五年（一九三〇）になって補助艦艇を規制する「ロンドン海軍軍縮条約」の締結にあたっては、海軍内でも「艦隊派」と「条約派」の間で派閥抗争が生じ、陸軍の皇道派・統制派、二大政党である政友会と民政党との勢力抗争も絡んで複雑な様相を呈する。

そしてこのあと、満州や中国の利権をめぐり日米対立が激化するのに合わせて軍部が「統帥権干犯問題*」という「魔法の杖」をふるうようになると、もはやコントロールが効かなくなってきた。

*統帥権干犯問題　一九三〇年（昭和五）の「ロンドン海軍軍縮条約」をめぐる政府と軍部・右翼の政争。一九三〇年四月に調印されたロンドン海軍軍縮条約に対して、海軍軍令部は「軍令部

の承認なき調印は天皇の統帥権を犯す」と非難、野党立憲政友会もこれに同調し、立憲民政党の浜口雄幸（はまぐちおさち）内閣を攻撃。内閣はこれを押し切って同年一〇月批准したが、右翼青年・佐郷屋留雄（さごうやとめお）による東京駅・浜口首相狙撃事件に発展。軍国主義化の材料となった。

一九二六年・札幌

開拓の地

「ここだったら、ロンドンのお家とあまり変わらないわね」

——札幌の新居と大学を見たフローレンスはいった。

北海道の政治・経済・文化の中心都市「札幌」の歴史は意外に新しい。江戸時代、松前藩がアイヌとの交易をおこなっていたのも、松本良順が榎本武揚*（えのもとたけあき）と「蝦夷（えぞ）共和国」の首都を夢みたのも「函館」である。

蝦夷地が一八六九年（明治二）に「北海道」と改称され、「開拓使」が置かれたときから札幌本府の建設がはじまった。一八七五年（明治八）に屯田兵《とんでんへい》が入植、

「北海道開拓の父」と呼ばれる初代開拓判官・島義勇*（しまよしたけ）によって、京都を参考にした碁盤目のような街づくりがはじまった。

一八七二年（明治五）に設立された「開拓使仮学校」（東京・芝増上寺に開設）は一八七六年（明治九）に「札幌農学校」となり、一九〇七年（明治四〇）に「東北帝国大学農科大学」（北海道札幌区）、さらに一九一八年（大正七）に「北海道帝国大学」と昇格する。

札幌農学校初代教頭ウィリアム・スミス・クラーク（一八二六～一八八六）の「Boys, be ambitious」（少年よ大志をいだけ）と「lofty ambition」（高邁なる大志）をモットーに、保守的な帝国大学の中では例外的にフロンティア精神、実学の重視、全人教育、国際性の涵養を今に伝える。クラーク博士のキリスト教にもとづく訓育は、内村鑑三*（うちむらかんぞう）、新渡戸稲造*（にとべいなぞう）、有島武郎*（ありしまたけお）ら、札幌農学校の学生に深い感化をおよぼした。

帰国後に木下が教授に昇格した「北海道帝国大学医学部」はまだ創立して間もない新設校だった。高温多湿な日本の中で、空気が乾燥して夏が過ごしやすいなど、気候的にヨーロッパに近く、豊饒な海と肥沃な土地からの山の幸・海の幸に恵まれた北海道……。何よりも本土からの移住者が多く、日本の田舎特有のわずらわしい人間関係のしがらみが少なく、自由な気風の札幌を木下夫妻は公私にわたり満喫した。

＊榎本武揚　江戸生まれの幕臣。海軍伝習所に学びオランダに留学。帰国後海軍副総裁。戊辰戦争で新政権樹立を企図して箱館・五稜郭にこもり官軍に抵抗、黒田清隆のすすめで降伏。のち駐露大使としてロシアと樺太・千島交換条約を結ぶ。一八三六～一九〇八。
＊島義勇　佐賀藩士。大総督府軍監。戊辰戦争後は開拓使判官・侍従・秋田県令を歴任するが政府と対立し免官。江藤新平とともに「佐賀の乱」を起こし、斬罪。一八二二～一八七四。
＊内村鑑三　札幌農学校入学後クラークの感化で受洗。アメリカのアマースト大学などで学ぶ。教育勅語への敬礼を拒み（不敬事件）第一高等中学校を辞職。のち『萬朝報』の記者として足尾鉱毒事件を批判。日露開戦に非戦論を展開、信仰と世界的視野に立った愛国・正義の論陣を張る。無教会主義を唱え「二つのＪ」（Japan と Jesus）に仕えることを念願とした。一八六一～一九三〇。
＊新渡戸稲造　札幌農学校に入りクラークに導かれてキリスト教に入信。アメリカ・ドイツに留学し、農業経営学を修める。国際平和を主張し、国際連盟事務次長・太平洋問題調査会理事長として国際親善に務めた。クエーカーの信仰と広い教養を備え国際的日本人として日本の開明に貢献。著に『武士道』ほか。一八六二～一九三三。
＊有島武郎　学習院を経て札幌農学校在学中にキリスト教の感化を受け、卒業後アメリカに留学、ホイットマンらの影響を受ける。帰国後『白樺』創刊に参加。人道的な傾向が強く、思想的苦悩の結果財産を放棄。著に『或る女』『生れ出づる悩み』など。一八七八～一九二三。

化学発癌のメッカ

「木下、ゴルフに行こう」

――ドイツ留学時代のスキー仲間・大野精七が産婦人科教授となり、夫人を伴ってみずから自動車を運転して誘いにきた。彼らは、夏場はスマートなニッカー姿で研究の合間にゴルフを、冬場の週末は泊まり込みでスキーにいそしんだ。ジャンプ場で有名な札幌近郊の「大倉山」はイギリス留学の先輩・大倉喜七郎[*]（おおくらきしちろう）が設計したもので、スイスの社交場をめざしていた。

生化学の太黒薫（おおぐろかおる）教授の夫人マチルド・クレニューもパリジェンヌであり、ダンスパーティーなどの社交生活を一緒に楽しんだ。

国際結婚が何の違和感もないこの地を、後年フローレンスは、

「北海道時代はほんとに楽しかったのよ」

と語っている。

北海道大学医学部第二病理学教室（腫瘍病理）には今も木下良順愛用の黒光りする机が残る。

比較的短期間ではあったが、北海道帝国大学でも木下を慕う多くの弟子が育った。当時、同大獣医病理の教授は北大卒業の後、山極勝三郎の助手として、本郷でウサギの「コールタール発がん」に携わった市川厚一であり、共著論文こそなかったもののお互いに影響し合っていたことは間違いない。

「環境発がん」は現在でこそ当たり前の概念だが、山極・市川以前にこれを証明する実験はなかった。

博物館にコールタール発がん標本が残る北大は、現在でも日本におけるがん研究のメッカの一つとなっている。

＊大倉喜七郎　大倉財閥二代目総帥。男爵。慶応義塾大学卒業後、イギリス・ケンブリッジ大学に留学。父親（大倉喜八郎）にかわり帝国ホテル会長に就任。私財を投じて大倉山ジャンプ競技場を建設。日本屈指の趣味人（バロン・オークラ）として知られた。一八八二～一九六三。

一九二八年・京城総督府

乾・誕生

若き木下夫妻が札幌の生活を満喫していた一九二八年（昭和三）二月一日、日本統治下の京城（ソウル）で、この物語のもう一人の主人公・大野乾（おおのすすむ）が呱々《ここ》の声を上げた。

ちょうどこの日に、日本共産党の機関紙「赤旗」が創刊されるが翌月には発禁となる。

もっとも、戦前の共産党はコミンテルンの出先機関として「暴力革命」を肯定しており、秩序維持の立場から国家とは相いれないものだった。一方の極右も

に判明する。「昭和維新」を唱えてクーデターを起こすなど、同じ穴の貉《むじな》だったことが数年後

この年には昭和天皇即位の大礼や、関東大震災後に復興した隅田川七橋の完成などの慶事に加え、日本航空輸送による東京—大阪間の定期便就航、大相撲ラジオ中継の開始、横浜・崎陽軒のシウマイ、「ハウスカレー」の発売など、現在われわれが親しむ事物が続々と登場するが、一方では「満州某重大事件」*（張作霖《ちょうさくりん》爆殺事件）、治安維持法の厳罰化など、物騒な時代も始まる。

六〇〇年にわたって李氏朝鮮の王都だった「京城」は一九一〇年（明治四三）の日本併合後も朝鮮総督府がおかれ、統治の中心だった。李王朝時代は不潔きわまりない中世的都会だったが、日本統治時代には多額の投資により近代的なインフラが整備され、一九二四年（大正一三）には「京城帝国大学」も置かれるにいたった。

大野乾の父・謙一は文部教育を担当する朝鮮総督府の高官で帝大設置に尽力した。大野によると、「父はきわめてリベラルな人物で、朝鮮人に対する差別に憤

慨し、現地の人々に内地に負けない教育環境をつくること（内地延長主義）に熱意を燃やしていた」という。

大野自身、朝鮮や韓国の人びとに強い親近感を持っていた。

「DNAのレベルで見てみれば一番近い親戚なんだよ」

といっていたのを思い出す。

実際、韓国の医者や研究者と話すと、風貌だけでなく価値観や思いやりなど、われわれと共通するところが非常に多く、二一世紀にもなって一部のマスコミや政治活動家の扇動で文化的交流が制限されることだけは、なんとしても避けなければならない。

日韓両国やさらに他の北東アジア諸国が、かつて仇敵同士だったスカンジナビア諸国のような一体感を持てるには、もう数世紀かかるかもしれない。

ユーラシア大陸の西端にあるスカンジナビアの国々、とくにスウェーデンとデンマークはともに「バイキング」の流れをくむ古い王国であるが、スウェーデンのデンマークからの独立（デンマークにとっては反乱）、スウェーデンの勢力拡

大野一家（昭和6年頃）左端が大野乾

張に伴う「北方戦争*」、さらにシュレースヴィヒ＝ホルシュタイン公国の帰属などをめぐって一九世紀初めまで戦争を繰り返してきた。しかし、「ナポレオン戦争」後に汎《はん》ドイツ主義の影響を受けて成立した「汎スカンジナビア運動」が功を奏し、経済的・文化的に北欧諸国は一体化を進めている。

このように、共通する文化と価値観・経済背景があれば「汎東アジア」も夢ではないと思うのは筆者たちの夢だろうか。少なくともアカデミアの世界、とくに自然科学領域では遠くない将来に達成が可能だと思う。

＊張作霖爆殺事件　一九二八年六月、中国奉天軍閥の張作霖が国民党北伐軍に追われて奉天に引き揚げる途中、列車爆破により爆死した事件。関東軍の参謀・河本大作大佐らは張を操って満州独立を企てたが、張が従わなくなったとみて敢行。真相は隠されていたが、翌年立憲民政党が「満州某重大事件」として責任を追求し、天皇・元老も政府の処置に不満を表明、田中義一内閣は崩壊した。

＊北方戦争　一七〇〇～一七二一年にわたり、バルト海域の覇権をめぐって行なわれたスウェーデンとロシアとの戦争。この結果ロシアは今のバルト三国を得、ヨーロッパの強国となる。

乗馬が趣味

「すすむ君、馬が好きだったら将来騎兵将校になったらいい」

――朝鮮駐在の歩兵第四〇旅団長・山下奉文*（やましたともゆき）少将（当時）は、大野乾少年に語りかけた。のちにシンガポール攻略で名を残す山下は、大野の母方の親戚にあたり、しばしば大野家を訪問していた。

大野の趣味（というよりは生活の一部）は「乗馬」であった。京城時代の広大な官舎にほど近い馬場で、当初は父から、そして朝鮮駐在の騎兵将校から手ほどきを受けたという。大野の父には自家用車ならぬ「自家用馬」がいて、官舎から総督府まで騎馬で通勤していた。

もともと日本の土着馬は矮小《わいしょう》であったが、日清・日露戦争の時代に陸軍と農林省が中心となって欧米からサラブレッドやアラブ種の馬を輸入し、精力的に馬格改善に努めた。日露戦争で世界一のコサック騎兵を破り、「日本騎兵の父」といわれた秋山好古*（あきやまよしふる）の指導した騎兵は陸軍の花形となった。

だが、大野が青年になるころには、戦場の花形は騎兵から戦車や航空機に代わり、やがて帝国陸軍自体も消滅してしまうことになる。

野生馬は強悍な生き物であり、ヒトがこれをいつ「家畜化」したのかははっきりしない。

しかし、文字記録が生まれた古代エジプトやメソポタミア時代にはすでに馬にひかせた戦車が登場し、中央アジアからは馬を乗りこなす騎馬民族がユーラシア大陸を東西に蹂躙する。アッテイラ*率いるフン族騎兵に追われたゲルマン人の大移動はローマ帝国を滅ぼし、チンギスハン配下のモンゴル騎兵は東アジアから東欧にまたがる大帝国を樹立する。

一六世紀には、馬と鉄砲を有するスペイン人が数百倍の南米原住民を征服、フリードリッヒ大王からナポレオンまで、歴史に名を残す将帥はすべて「騎兵」の用兵に長けていた。実際、騎馬による迅速かつ長距離の兵力移動は、ほんの一〇〇年前、航空機と戦車が出現するまでは他に代わるものがなかったのである。したがって、輸送手段あるいは戦略物資としての馬の重要性は現代とは比較にならないほど大きかった。

獣医学にとって、この貴重な戦略資源である馬を育て、また健康管理することが大きな任務のひとつだった。何よりも、馬とくに馬術用に改良された品種は姿が美しく、知能が高い。乗りなれた自動車やバイクも可愛いものだが、乗り手を認識して要求にこたえてくれるという点で馬に勝るものはない。幼いころから大野は馬を愛するようになり、やがてこれがシティ・オブ・ホープ（City of Hope）研究所にもかかわってくる。

＊山下奉文　陸軍大将。太平洋戦争が始まるとマレー方面軍・満州第一方面軍・フィリピン方面軍で司令官を務める。マレー作戦を指揮し「マレーの虎」と称えられた。戦後マニラの軍事裁判でフィリピンにおける日本軍の戦争犯罪の責任を問われ、刑死。一八八五〜一九四六。

＊秋山好古　伊予・松山藩士の子。名は「信而好古」（論語）に由来。陸軍士官学校・陸軍大学校を経てフランスに留学。日清・日露戦争に参戦、騎兵部隊指揮官として活躍。退職後は郷里で中学校長を務めた。弟は日本海海戦でバルチック艦隊を撃滅した参謀・秋山真之。一八五九〜一九三〇。

＊アッテイラ　フン族の王。四三四年ごろ首長となりカスピ海からライン河畔にいたる地域を支配しローマ帝国と戦う。四〇六〜四五三。

一九三四年・大阪

大阪帝大・病理学教授に就任

「緑も多いし、ここも悪くはないだろう」

――愛車を運転しながら良順はフローレンスに語りかけるが、彼女はだまって前方を見ていた。

一九三四年（昭和九）に、木下良順が大阪帝国大学医学部病理学教室の教授に招聘されてから、木下夫妻の暮らしは一変する。同居した古風な木下の両親と西洋風に食卓を共にするなど、リベラルな暮らしを持ち込んだフローレンスだが、世間の波は軍国主義*に流れてゆく。

前年、日本は国際連盟を脱退、この年には「満州国」を建国し、退位した清のラストエンペラー・溥儀*（ふぎ）を皇帝につけた。いくら当時の中国が四分五裂の内戦状態であり、満州が漢民族とは別の満州族の故郷だからといっても、出先である関東軍の陰謀に始まる露骨な侵略は国際社会の許すところではない。

日中間の戦争拡大を望まない昭和天皇自身や西園寺公望（さいおんじきんもち。一八四九〜一九四〇）、牧野伸顕（まきののぶあき。一八六一〜一九四九）ら英米との協調をめざす穏健派の元老の意に反し、権益拡大を望む軍部（決して陸軍だけでなく海軍も）とこれに便乗する好戦的マスコミが世論をリードしてゆく。この頃、わが国の景気自体は一九二九年の世界恐慌以降、他国に先駆けて回復し、昭和九年には恐慌前の水準に復した。

経済の都・大阪では、関西では二番目の帝国大学（大阪帝国大学）に、東京帝国大学の伝染病研究所にならぶ大阪帝大付属微生物研究所があり、わが国をリードしていた。両者の病理学教授を兼任したこの時期の木下良順のもとには、のちに学者として名を挙げた多くの弟子が集まった。

大阪帝大病理学教室は、明治二七年（一八九四）三月一九日に医学界の大御所・佐多愛彦*（さたあいひこ）により開設されて以来四〇年、木下は三代目主任教授である。

「大阪の病理教室は教室員も多く、ぜひ大きい仕事をやりたい。僕は山極先生や長興先生のもとでがんの研究をした。がん研究こそ現下医学界の最大の目標であり、一生の仕事としたい。ぜひみなで協力してくれ」

——木下は着任後の挨拶で教室員に語った。

木下は弟子に個別のテーマを与えて研究させ、よい結果だけ収奪するという封建的な教授（今でも日本に少なからず棲息する）とはまったく異なったスタンスをとった。教室全体としては、実験病理学のなかでも「化学発がん」を中心としたが、若い学徒に自由な研究をさせたため、多くの教室員が集まった。

もとより、学閥や経歴などによる差別は彼のもっとも忌むところであり、自由な雰囲気の中で若い研究者を育てるという、医学部研究室、いや他の分野の研究室でも日本でまれな、リベラルな空間が戦前からさらに戦中にかけて、大阪の地にあったことは特記に値する。

昭和一〇年代に、木下がこのようなユニークな研究体制を開いたことが科学上の発見のみならず、後年シティ・オブ・ホープ研究所の発展に寄与したことは間違いない。

＊軍国主義　国の政治・経済・法律・教育などの政策・組織を戦争のために準備し、軍備力による対外発展を重視し、戦争で国威を発揚しようとする思想・体制。
＊溥儀　清朝第一二代皇帝。姓は愛新覚羅（アイシンギョロ）。三歳で即位、宣統帝となる。辛亥革命により退位。日本軍部に擁せられ満州国の執政・皇帝（在位一九三四～四五）となる。敗戦後戦犯としてソ連・中国に抑留、のち釈放。最後は一庶民として人生を終えた。一九〇六～一九六七。
＊佐多愛彦　ドイツに留学し、ウィルヒョウらのもとで病理学・細菌学を修める。結核の研究で知られ、大阪府立医学校校長・病院長、大阪医科大学学長を歴任。のちの阪大の基礎を築いた。一八七一～一九五〇。

木下の見識

科学研究では独自性・新規性・再現性が求められる。研究成果を論理的に英語などの国際語でまとめて学術誌に投稿することが必須の過程だが、レビュアーの厳しい審査を乗り越えて受理され、掲載されてようやく一つの業績となる。

研究者が一人前になるには、本人の実力だけでなく、指導者の高い見識と適切な指導が必須である。教育を怠って「技を盗め」というような不親切な指導は木下のみならず、愛弟子の大野乾のもっとも嫌うところである。この師弟は後進に対し、非常に親切な人々であった。

指導者たるもの、本人のオリジナルな業績があるのはもちろんだが、弟子の実力を見極め、研究技術の向上に合わせた適切な指導と、真理を求める追及力と失敗に負けない忍耐力を教え込むことが必要条件である。

木下の教室員は、

「日常出る人の名前も医学界だけでなく、多方面にわたり交流が広いので、世の中が急に広くなったようで、よい先生を得たと心の底からうれしくなり、この有能な、広い視野をもった、頼もしい先生に全力を挙げて師事しようと思った」と語っている。

昔も今も医学部の基礎研究室には、学位研究のため臨床の教室から大学院生や若い医局員が出向してくる。木下の代表的な研究業績である「バター・イエロー」をラットに与えて肝臓に「がん」を作製する実験に成功したのは外科学教室から出向し、さまざまなアゾ色素の発がん性を研究していた原田三樹男だった。丸谷八郎、水田太郎の協力を得て、第一報は原田・水田・丸谷の連名で「阪医会誌」に、「白鼠に Buttergelb を経口的に投与して肝臓癌の実験的発生」として、一九三七年に発表された。

バター・イエロー発がんの本体を見抜いたのは木下だが、この世界的発見の原著論文にあえて自分の名を入れず、弟子たちの功としたのは木下の良識であったろう。

筆者たちは木下良順と直接の面識はないが、愛弟子の大野乾の口癖が、「弟子のデータを盗むような師匠はその資格がない」

であったのを思い出す。

これに続くバター・イエローを中心とする一連の研究が木下教授の宿題講演として英文で発表され、やがて世界に知られるようになる。

阿倍野《あべの》の一角にあった木下の住まいは船の香りがする木造のペンキ塗りの家だった。木下夫婦は気に入っていたが、高齢の母には不満だったようである。実験に熱中した木下が帰宅するのは毎夜深夜におよんだが、愛用の「フィアット」をメンテナンスしながらドライブして帰るのが日課になっていた。

昭和一一年には北畠に転居、お気に入りの大学院生・岡田守弘（昭和一一～一五年）は天王寺駅まで車に便乗を許され、車内で学問上の討論を行なうという特権を許された。

われわれにとって意外なほど、戦前戦中戦後を通じて、ユダヤ人の日本人に対する反感はすくない。

ユダヤ人は中世以来、ヨーロッパ各地で排斥・迫害を受けてきた。レコンキスタ期スペインにおける強制改宗と国外追放から、新しくは帝政ロシアの「ポログム」（殺戮・略奪・破壊・差別などの集団的迫害行為）や、最大の迫害はナチス・ドイツによる「ホロコースト」（大量虐殺））であろう。

この1930年代の迫害に対し、国外脱出のために数千枚の「ビザ」（Visa）を発効したリトアニアカウナス領事・杉原千畝（すぎはらちうね：1900〜1986）の事跡は名高いが、シベリア鉄道によって「満州」に到達した多数のユダヤ人を、同盟国ドイツの非難にひるまず、上海やアメリカに出国させたのは「猶太人（ゆだやじん）対策要綱」を作成した安江仙弘（やすえのりひろ：1888〜1950）大佐と、これを承認したのが陸軍大臣・板垣征四郎（いたがきせいしろう：1885〜1948）大将、現場ではハルピン特務機関の責任者だった樋口季一郎（ひぐちきいちろう：1888〜1970）少将とその上司だった東條英機（とうじょうひでき）：1884〜1948）中将だった。

大陸侵略の主体となった旧帝国陸軍であるが、「八紘一宇」（はっこういちう）という国家理念には忠実だったのである。

彼らの貢献は戦後ユダヤ国家として成立したイスラエルの「ゴールデンブック」にも記載されるが、心あるユダヤ人の間では知られていたのではあるまいか。（早川記）

ユダヤ人と日本人

経済的余裕を基盤としてはじめて「学芸」も発達するという点で、20世紀後半のアメリカは最盛期のローマ帝国やイタリアルネサンス、絶対王政期のフランスに匹敵すると思われる。

戦後間もない時期に木下良順がシティ・オブ・ホープ（City of Hope）の招聘に応じた理由のひとつは、イギリス人だった妻に、戦時中つらい思いをさせたことの償いがあった。いかに帝国大学教授の妻とはいえ、「鬼畜英米」に燃える戦時下の日本での苦労は想像をこえるものがある。

木下が妻の郷里・イギリスに職を求めることも当然ありえたが、インドほか植民地の独立により、外国人科学者を鷹揚（おうよう）に受け入れる余裕はなかった。当然、アメリカにも旧敵国に対する反感はあったであろうが、木下本人やまわりの記録からこれをうかがい知ることはむつかしい。その理由として、学問的業績以外にも、堂々たる体躯とともに木下自身がアメリカ人同等かそれ以上の英語力があり、欧米流の紳士道を身につけていた点にあると思われる。とくにユダヤ人が創設と維持に関わったCity of Hope 研究所では彼に対する反感は他の地方都市に比べて少なかったのではあるまいか。

一九三九年・ニューヘブン

惜しみない賞賛

アメリカ東海岸ニューイングランドの秋は早い。

一九三九年（昭和一四）九月二七日、窓の外の樹々がはや色づきかけたイェール大学医学部大講堂で、木下良順は「アゾ色素と関連物質による発がんの研究」（Studies of the carcinogenic AZO and related compounds）と題する招待講演を流暢なキングスイングリッシュで行なった（◆1）。

「じつにすばらしい。画期的な仕事だ」

――ここでも満場の拍手。

一七〇一年（元禄一四）創立のイェール大学は、全米でも三番目の伝統を誇るアイビーリーグ大学である。リベラルな学風で知られ、ヨーロッパのヤクザ者（ナチス・ドイツ）と同盟を結んだ日本に対する風当たりは強い。実際、講演の直前、一九三九年の九月一日にナチス・ドイツがポーランドに侵攻し、第二次世界大戦が勃発。ただちに英仏がドイツに宣戦布告する。

昭和天皇の「不拡大方針」を無視した中国戦線の泥沼化、仏印進駐（一九四〇年）とアメリカの経済制裁等によって日米関係も最悪の局面を迎えるが、アカデミアの社会は別で、木下の世界的業績は惜しみない賞賛を受けた。木下もアメリカの学者たちが気を使っていることを痛感した。しかし、これが戦前最後の外遊で、彼が次にアメリカの地を踏むのは一〇年後になる。

木下は国際情勢から日本も戦争に巻き込まれ、やがて「惨敗」を喫するであろうことを予想していたが、それを公の場で話すことはもはや不可能だった。

（◆1）この講演は、一九三七年に創設され、現在も発展的に継続されて

◎癌の權威檜舞臺へ
木下阪大教授渡米

(大阪)十四年八月七日 AUG 7 1939 今秋九月十一日から十六日迄アメリカアトランチックシテイで開かれる第三回國際癌研究大會に日本最初の榮ある特別講演者として出席する阪大醫學部病理學科教授木下良順博士は八月七日正式に發令を見たので愈々來る十五日横濱出帆の商船北陸丸で渡米することになつた、同博士は年々多數の人類を蝕む恐るべき癌發生の研究に過去十數年間獻身的な努力をつゞけ發癌性物質がグツダゲルプ(バター黄色素)等のアゾ化合物であるといふのに對して所謂英學派の泰斗ケナウエ、クツケ兩博士を中心とする歐米學派はコールタール其他の炭化水素化合物が發癌性を持つてゐると主張しこの二大學說の對立は世界學界の注目を浴びてゐるが同博士の登場はその檜舞臺で兩學說の雌雄を決することなるわけで大いに期待されてゐる

寫眞は渡米する木下博士

「癌の権威檜舞台へ　木下阪大教授渡米」と題する1939年8月7日発行のハワイ日系新聞記事：木下はイェール大学医学部での講演の前、9月11日から16日にアトランティックシティで開催された第3回国際癌研究大会に日本最初の栄ある特別講演者として招待され、8月15日に横浜港から商船「北陸丸」で渡米した。（山口記）写真提供　Hawai'i Times Photo Archives Foundation

いるジェイン・コッフィン・チャイルズ記念財団（Jane Coffin Childs Memorial Fund for Medical Research）の支援で実現した。一九三六年に癌で亡くなった夫人を偲んで夫と妹がイェール大学に託して基礎医学研究、とくにがん研究を推進する目的で設立された（同じ年、一九三七年六月にアメリカが国立のがん研究所ＮＣＩを設立）。優れた基礎的医学研究として、基金創設当初に木下が招待されたことは、いかにＤＡＢ（４-ジメチルアミノベンゼン）から始まった木下の肝癌研究が当時の研究者から注目され、認められていたかを物語るものである。

太平洋戦争勃発

そして昭和一六年（一九四一）一二月八日、航空母艦六隻からなる連合艦隊機動部隊の「真珠湾奇襲」を機に、太平洋戦争が勃発。無敵の帝国陸軍はイギリスの東洋の拠点だった香港、シンガポールをはじめ、マレー半島、オランダ領インドネシア、仏領インドシナ、アメリカ支配のフィリピンと破竹の勢いで進撃してゆく。

海軍では日本の師匠筋だったイギリスの東洋艦隊もマレー沖で、*セイロン沖で*日本機になすすべもなく全滅。バトル・オブ・ブリテンでナチス・ドイツからイギリス本土を守った名機スピットファイアも零戦にかなわなかった。

木下や周囲の家族は気を使って、フローレンスの前では極力戦争の話題を避けるが、彼女のやつれようは、はた目にもあきらかだった。

もともと基礎医学研究は浮世離れしているせいか、戦争中も、とくに帝国陸海軍が優勢だったはじめの一～二年、病理学教室はのんびりしていたというが、だんだん物資や研究費が欠乏してきた。木下の力で、病理学という戦力増強にはあまり関係ない学問であるにもかかわらず、何かと研究費を集め、神戸女学院の校内に疎開して、運動場の一隅に動物小屋を建て、研究を継続した。

*マレー沖　「マレー沖海戦」。一九四一年一二月一〇日、日本海軍の航空隊がマレー半島東方海上でイギリス東洋艦隊の主力戦艦プリンス・オブ・ウェールズおよびレパルスを撃沈。この戦い

で日本は南西太平洋の制海権を掌握した。
＊セイロン沖　「セイロン沖海戦」。一九四二年四月五日から九日にかけてインド洋セイロン島沖で行なわれたイギリス東洋艦隊と日本海軍空母機動部隊との海戦。東洋艦隊は軽空母ハーミーズ、重巡洋艦コーンウォール、ドーセットシャー、駆逐艦ヴァンパイア、テネドスを失った。

戦禍の中での研究と空襲

木下らは戦争中にもかかわらず、発がん過程における生化学的変化を追求し、やがて「リボ核酸と細胞増殖」の関連を示す卓見にいたる。

この時期、遺伝子の本体が「デオキシリボ核酸」であることはまだ有力な仮説の一つにすぎず、リボ核酸がタンパク合成に関与するらしいということが一九三四年にイギリスのカスパーソンによって報告されていたが、増殖・分化・発がんといった過程に関与することは世界のだれも証明していなかった。平和な環境で十分な研究費があれば、バター・イエローの発がんを超える大発見につながったかもしれない。

このころ、木下は家族が心配で、以前のように遅くまで仕事を続けてマイカーで帰るといった暮らしはできなくなっていた。妹婿にあたる住友財閥総理事の「古田の兄貴」（古田俊之助。一八八六〜一九五三）が敵国人であったフローレンスを非常にかばってはくれたものの、とくに戦況の悪化に伴う周囲の偏見や差別で嫌な思いをすることは少なくなかった。

そのピークとなったのが「大阪大空襲」である。

昭和二〇年三月一三日深夜、前々日の東京大空襲と同じくグアム島を基地とするアメリカ空軍のB29編隊が大阪を襲った。その後も六月、七月と中規模の空襲が続き、大阪の主要部は焼け野原となった。

木下の家は、昭和二〇年七月九日の夜半の和歌山市の空襲により灰燼に帰したが、家宝ともいえる貴重な蔵書をその五日前に避難させることができ、消失を免れた（◆2）。

最後の大阪空襲は終戦の前日八月一四日で、このころには迎撃に上がる味方の戦闘機にもこと欠くようになっていた。木下夫婦と家族、教室員にできることはひたすら戦争が終わることを祈るだけであった。

大阪の空襲で、民間人一万人以上が死亡した。犠牲者には帝大関係者も少なくなかった。生命だけは助かっても、家を失ったり、家族の誰かが出征して帰らない教職員や、学半ばにして出征を強いられた学生や教室員も大勢いた。

戦火の犠牲となった東大時代・北大時代の友人や同僚たち――。木下の次弟も戦死している。しかもその相手が妻の祖国であり、かけがえのない青春を過ごしたイギリス、数年前に自分の発がん研究を心から称賛してくれたアメリカであることにやりきれなさを感じた。

「祖国がここまで荒廃して、国益も国家の威信もあるものか。今後、戦争だけはどんなことがあっても避けなければいけない」

――木下は強く思った。


（◆2）木下家保管の陽明学派・倉田績（いさお）翁の蔵書九一八七冊を、昭和二〇年七月九日の空襲五日前に窯山（かまやま）神宮に多数の医専生徒の協力を得て疎開させたため、木下家の屋敷は何一つ残ることなく灰となったが、これら書籍は安全に保管された。昭和五二年六月二八日に県立和歌山図書館に移管。父・行道氏の「いかなる事ありとも、これを県外に持ち出すべからず」という家訓を守ることができ、これにまさる喜びはないと感謝されたと荒瀬進（元県立和歌山医専教授）氏は記している。

一九四五年・敗戦

占領下で

他民族の支配など誰も受けたくはない。いわんや敗戦結果の占領であれば、親戚・友人・知人の仇に仕えるなど、心情的に受け入れがたいものがある。

太平洋戦争後、七年間にわたる連合国の日本占領時、GHQ（連合軍総司令部）は日本国民の心情は百も理解していた。

勝者にとっても大きな物的・人的被害を受けた太平洋戦争を二度とおこさないように、また遠からぬ将来に恐るべきライバルとなるソ連、さらに共産主義化する可能性が高い中国に対する防波堤として「日本を利用したい」という思惑があったことは間違いない。

しかしながら、GHQのなかには、アメリカ本土や、先に再建を始めたヨーロッパでなしえなかった「理想主義」を戦後の日本で実現したいという考えもあった。これが、しばしば非現実的、かつわけのわからない悪文と批判される「日本国憲法」前文を流れる精神となっている。

ある意味、アメリカ人のお節介ではあるが、そのすべてを「*War Guilt Information」による日本国民の「洗脳」として全否定するのも正しいとは思えない。とかく評判の悪い「憲法九条」ではあるが、これによって、日本が七〇年以上戦争に巻き込まれず、世界中の国々から「戦争を仕掛ける国ではない」という信用を勝ち得たことは大きな財産となっている。

もちろん、侵略を受ければこれに応戦できる準備だけはしておいても、必要以上の軍備費をかけず、経済と国のインフラ整備に税収を回した*幣原喜重郎（しではらきじゅうろう）や*吉田茂（よしだしげる）には先見の明があったと思う。

＊War Guilt Information　戦争についての罪悪感を植えつける宣伝情報。
＊幣原喜重郎　三菱財閥の創業者岩崎弥太郎の女婿。一九二四年以降四度外相。対米英協調と対中国内政不干渉方針をとる。ワシントン体制下英米と協調して中国革命の進展に対処、ロンドン会議で海軍軍縮条約を成立させる。戦後首相となり、占領軍の政策に従い憲法改正に着手した。一八七二～一九五一。
＊吉田茂　外務次官・駐英大使等を歴任。大戦中親英米派として軍部から排斥。一九四六年日本自由党総裁、次いで首相。四八～五四年連続して首相。占領軍指導のもと戦後日本の立て直しを遂行、日本国憲法を制定した。サンフランシスコ講和条約を締結。日米安保体制の基本線を築く。一八七八～一九六七。

古代ローマをモデルに

連合軍最高司令官であるダグラス・マッカーサー＊以下、占領軍首脳が歴史の上で他民族支配のモデルとしたのが栄光の「古代ローマ」だった。

紀元前八世紀、中部イタリアの小さな都市国家だったローマは、周辺都市国家、地中海対岸のカルタゴ、ヘレニズム諸国と小アジア、ガリアと支配地域を広げ、最盛期にはゲルマニアからシリアまで、ヨーロッパ、地中海、北アフリカ、西アジアを版図とする世界帝国となった。

ローマは、一定の基準を満たした被支配地域の人々にローマ市民権を与えたほか、被支配国の王族・貴族の子弟をなかば人質、なかば留学生としてローマ本国に送り、ギリシャ・ローマ的教養と価値観を教えた。その人々が本国に帰って支配層となったときに親ローマ人脈を形成する。

産業革命後、「パックス・ブリタニカ（Pax Britanica）」（一九世紀にイギリスの海軍力と経済力によってもたらされた平和）を形成した大英帝国も、インドや中東など植民地から本国に優秀な若人を集めて教育した。

その中にはガンディー*や、ガンディーとともに民族運動を指導したネール*のように独立運動の先頭に立った元留学生も多いが、英語のみならず英国式価値観を共有することで、少なくとも「法の支配」下に独立交渉や独立後の経済関係を進めることが可能となった。ここのところが、話のまったく通じないＩＳ（イスラミック・ステート）のテロリストとは根本的に異なるのである。

＊ダグラス・マッカーサー　極東通として知られ、太平洋戦争中アメリカ極東司令官として対日戦を指揮。日本降伏後は連合軍総司令官として日本占領政策を推進。朝鮮戦争処理問題で解任。一八八〇〜一九六四。
＊ガンディー　非暴力・不服従主義によってイギリスから独立を勝ち取った「インド独立の父」。サティヤーグラハ行進は全世界の共感を呼んだ。暗殺。一八六九〜一九四八。
＊ネール　イギリス留学後ガンディーと出会いインド独立闘争に参加。独立後首相に就任。平和五原則（領土主権の尊重、不可侵、不干渉、平等互恵、平和的共存）を確認し、アジア・アフリカ非同盟中立主義の指導者として活躍した。一八八九〜一九六四。

フルブライト奨学金の設置

第二次世界大戦後、「パックス・アメリカーナ（Pax Americana）」（アメリカによる平和）をつくるうえで、アメリカと価値観を共有する政治家や指導層を育てることがアメリカにとっての正義を世界に広げることになる。

「フルブライト奨学金」はそのような意図にもとづいて設置されたが、政府の思惑とは別に、旧敵国からの留学生を受け入れ、親身になって指導したアメリカ・アカデミアの懐の広さは今でも忘れてはならない。

損得抜きに同学の後輩を可愛がる、それもえこひいきではなくて、彼ら彼女らを世界のどこでも通用する学者に育てようとすることは今でも多くのアメリカの大学や研究所の慣例だと思う。もちろん、それは同時に弟子たちが一刻も早くみずからの学問的野心を達成するための「戦力」となって欲しいという気持ちもあるだろうが、この二つは相反するものではない。なぜなら、本人の学問的興味やオリジナリティがなくて「親切な指導者」というだけでは予備校の教師と変わらず（この場合は金銭や教え子の感謝がインセンティブとなろうが）、逆に野心だけあって、下を育てない科学者には誰もついてこないからである。

「シティ・オブ・ホープ」（City of Hope）研究所にはこの両者のバランスのとれた（あるいはいずれも人一倍強い）科学者がそろっていた。

一九四九年・ロサンゼルス

ポスト（客員教授）の提供

「当座のぶんの給料と研究費は差し上げるから来てくれないか」

――カリフォルニア大学ロサンゼルス校（UCLA）の初代医学部長ワレンが切り出した。東海岸有名大学歴訪の旅から日本に帰ろうとしていた木下が、あまり強い期待もなくロサンゼルスに寄ったときのことである。

全米第二の大都市「ロサンゼルス」の歴史は一六世紀スペインの植民地として始まる。

アメリカに割譲された一九世紀半ばまでメキシコ領だったため、古くからある地名の多くはスペイン語であり、住居や食文化にはラテン文化の影響が強い。

第一次大戦後の一九一九年、石油事業と農業経済が大きく発展していたこの地に、カリフォルニアで二番目の州立総合大学が誕生した。もとは一八八一年創立の師範学校。はじめはカリフォルニア大学バークレイ校の南分校くらいの位置づけだったが、第二次世界大戦後「医学部」を新設。感染症学のカーペンター博士はじめ、全米から著名な教授陣を招聘して研究に邁進していた(◆3)。

大学執行部を代表して、すでに化学発がんで国際的知名度が高く、日本で医学部運営に実績のある木下良順にポストを提供したワレン博士は放射線医学者でもあった。ワレンは、戦時中はアメリカ陸軍で原子爆弾開発の「*マンハッタン計画」(Manhattan Project)に携わり、終戦直後の一九四五年九月には、被爆地現地調査のため来日している。その時に木下に会っている可能性はあるが、これを裏づける証拠はない(◆4)。

(◆3) 一九五〇年UCLA医学部新設にあたり、ワレン初代医学部長は四人の俊英を教授陣に招聘した。前任地ロチェスター大学医学部から、感染症学のチャールズ・カーペンター（Charles Carpenter）、放射線学のアンドリュー・ドーディ（Andrew Dowdy）、内科のジョン・ローレンス（John Lawrence）と、ジョンズ・ホプキンス大学医学部から外科のウィリアム・ロングミア（William Longmire, Jr.）である。彼らは「五人の創設者」（Founding Five）と呼ばれている。当時、医学分野の研究の立ち上げを図っていたので、すでに化学発がん研究で国際的知名度の高かった木下に客員教授をオファーしたことは容易に想像できる。

（◆4）ワレンは放射線医学者。戦時中は米国陸軍で原子爆弾開発の「マンハッタン計画」の安全面検討部門に携わり、終戦直後の一九四五年九～一〇月にはアメリカからの原爆傷害調査委員会の一員として、被爆地広島と長崎の現地調査のため来日している。木下は通訳として広島・長崎を訪問したのみならず、阪大・病理学教授として、阪大での第一回原爆の医学・病理的影響に関する会議を主宰した。こうした背景を考えると、ワレンと木下の出会いは一九四五年、日本においてであったかもしれない。

＊マンハッタン計画　第二次大戦中のアメリカの「原子爆弾開発計画」。一九四二年夏、陸軍技術本部にマンハッタン管区が組織され、以後計画が大規模に推進された。この結果、一九四五年七月、最初の「原爆実験」が行なわれ、八月には広島・長崎に原子爆弾が投下された。

著名な日本人ドクターがレーデルを訪問

これに先立つ一九四九年一月二八日、ニューヨーク州パールリバーの地方紙「オレンジタウンテレグラム」に、

「著名な日本人ドクターがレーデル（Lederle）を訪問」

というタイトルの写真入りフロント記事が掲載されている。長身の木下良順は三人のアメリカ側研究者と堂々と写真におさまっている。

写真のキャプションには次のように書かれている。

「第二次世界大戦終了後に日本を出ることを許された最初の日本人、大阪大学の木下良順博士。木下博士はアメリカがん学会のゲストとしてアメリカに

ORANGETOWN TELEGRAM

AN ORANGETOWN PAPER — FOR ORANGETOWN PEOPLE

Robert Fowkes, Of Ford Agency, Dies Suddenly

Samuel Sheldon Is Again Head Of Park Savings

FAMOUS JAPANESE DOCTOR VISITS LEDERLE

Valley, Hillcrest Fire

Fight Spectacular

Pearl River School Will Be Host to the County Teachers

Legion National Commander Talks To District Group

Make Another Try To Get New Road

Leighton J. Cree

Republican Club

Pearl River, N. Y., Friday, January 28, 1949

FAMOUS JAPANESE DOCTOR VISITS LEDERLE

1949年1月28日にニューヨーク州パールリバーの地方紙『オレンジタウンテレグラム』に「著名な日本人ドクターがレーデルを訪問」というタイトルの写真入りフロント記事が掲載されている。長身の木下は三人のアメリカ側研究者とともに堂々と写真に納まっている。（山口記）

滞在中である。彼は黄色の色素をラットに経口投与して発生する〝バター・イエロー〟がんの発見者として有名になった。この実験的がんモデルは栄養とがんを研究するアメリカの研究所での（アメリカシアン会社の一部であるレーデル研究所はその中でも突出しているのだが）、多くの研究の発展に貢献した。写真左から右へ、コプロウスキー（Dr. H. Koprowski）、ヒギンズ（Dr. C. H. Higgins）、木下良順（Dr. Ryojun Kinoshita）、そしてストックスタッド博士（Dr. E. L. R. Stockstad）である」

職探しだったアメリカ訪問

一九四九年（昭和二四）一月、どのような意図、どのような立場で木下良順はアメリカを訪問していたのか。

「職探しだったのさ。あれほどの人がね。歳もいってたしね」

――渡米直後の木下を知る数少ない生存者ユージン・ロバーツ博士は語る。

若き日のロバーツは、当時セントルイスにあるワシントン大学医学部実験助手（Research Associate）で、木下がジョブ・セミナーに立ち寄ったことを鮮明に覚えているという。

戦後初めてアメリカ訪問が可能となり、木下は各地のめぼしい大学での職探しをしていた。現在のようにインターネット公募のできる時代ではない。腫瘍学者として有名になっていた木下であるが、すでに五七歳という年齢がワシントン大学就職の妨げとなったらしい。東海岸の帰路、ＵＣＬＡに立ち寄ったときに、ようやく客員教授の条件が折り合ったのだった。

一九四九年・大阪

学長を辞任

木下は、四月には学長を務めていた大阪市立医科大学の後任を決め、六月三〇日、学長辞任の予定が立つと、そのまま七月一日渡米と決めた。

この年（一九四九年）に、大阪商科大学、大阪市立都島工業専門学校、大阪市立女子専門学校と統合して「大阪市立大学・医学部」となることが決まっていた大阪市立医科大学にとっては、学長の突然の辞任転出は迷惑な話。そのせいか、大阪市大に木下良順に関する資料が少ないのかもしれない。

木下のほうも大学合併に関わる雑務の山に嫌気がさし、大学管理よりも研究を優先できる場を求めたのだろう。後任となった大阪帝大の細菌学者・熊谷謙三郎は木下の親友・佐田愛彦の高弟だったが、四月のある日、とつぜん木下の訪問を受けた。

「熊谷君、僕のがんの研究を評価してくれる人がいてね、アメリカに行くことになったんだ」——木下はいささかバツが悪そうに切り出した。

「大阪市立医大にはやり残したことは山ほどある。そこで、君のことを後任学長に推薦したんだけど、教授会も全員一致で承認してくれた。急な話で悪いんだが市大に来てくれないか」

本人の内諾もない移籍というのは普通は考えにくい。佐田が間に立って話を進めたのではないか。翌月には熊谷に近藤博夫・大阪市長から、「木下先生がアメリカへ行くので、送迎会と後任である貴殿の学長就任の歓迎会を開く」という呼び出しがあった。

かくして、木下良順は一九四九年七月一日、横浜港から妻フローレンス、そして養女・昭子とともに渡米したのである(◆5)。

（◆5）木下良順の弟・信夫の長女で、二歳のころ良順夫妻に引き取られ、二人からの深い愛情を一身に受け、一七歳で祖母の「聖心女学院を卒業してから」との思いを振り切り両親と渡米。ＵＣＬＡで出会った夫と共に二人の子供を育て、大きな銀杏が植わった太平洋を望むパロス・ベルデスの自宅で、晩年脳溢血で不自由な身となった木下を献身的に支えた。

老母の覚悟

六月二九日になって初めて木下の学長辞任を知った弟子の荒瀬進は阪急電鉄の売布《めふ》駅へ向かい、森の中の木下良順邸に着いた。木下夫妻は前々日の二七日すでに横浜に去り、家には母と和歌山時代からの女中、おみながいた。

老いた母がいった。

「このたび、五七歳の息子・良順、遠くアメリカへ行くとのこと、うすうす他人様からうかがっていましたが、この八三歳になる婆をひとり残していくことに対する不幸・不憫を想いてか、私にはそのことを言いかねていました。

去る六月二七日、良順は初めて口を割って、このことを打ち明けました。婆はすでに次男を失い、ひとり息子の良順が今また外国に行かんとするのは、世間様には多少面目ない心地もいたしますが、『学』のためには心地よく出してやるのが分別と決心したのでございます。

年老いて何一つ欲しいものはありませぬ。『途中無事に夫婦がアメリカに着いたからには油断せず、心して良きものを見つけて帰れよかし』と言い聞かせましたところ、五七歳の息子は、『よくわかりました。ただいまは私たち夫婦の願いを聞き届け給い、これにまさる喜びはございませぬ』と、深く頭を垂れました。『良きものとは、物に非ず、品物にも非ず、学問上の発見である』と息子に説き明かせましたのです。

次男の子（養女・昭子のこと）は一七歳になり、聖心女学院に通わせていましたので、卒業してからと申しましたが、『ママに連れて行って欲しい』と、ついには親子三人ともどもアメリカへ旅立ちました」

そしてこうもつづけた。

「良順の嫁もよくできた人で、一昨日、大阪駅でいよいよ出発の時も、つと私の腕に寄りすがり、『このたび遠くアメリカに遊ぶものの、そのうち再び帰る日までおからだに気をつけてたも』と述べてくれました」（◆6）

フローレンス自身は、居心地の悪い日本に二度と帰る気はなかったが、異郷にあって、優しかった老義母のもとから夫と孫をはるか離れたアメリカに連れ去るあと味の悪さはあったであろう。

実際のところは、占領時代に北野病院で進駐軍の通訳と世話係をつとめたフローレンスが疲れきり、顔もむくみ、非常に暗い表情だったのが渡米後には明るく別人のようになったということからも、内心「やっと日本を抜け出せる」という喜びをいかに隠すか、むずかしかったのではあるまいか。

良順自身は、経済状態が改善し、現地での研究環境が落ち着いたら母の顔を見

木下良順博士の家族集合写真（昭和18年夏）：右から木下良順（行道・長男）、昭子（木下夫妻の養女）、木下夫人、弟の田辺（行道・三男）、弟の信夫（行道・次男：昭子の実父）、父の行道氏、母のぬい、姪の中上川和子、古田俊之助、父の後ろが古田愛子（妹）写真提供：ロストピーク・昭子

に帰ってくるつもりだったのが、実際に帰ってきたのは一二年後、母はすでにこの世にはいなかった。晩年の良順が海の見える家で、だまって太平洋を見つづけていたのは故国に残してきた亡母への思いがあった。

(◆6) 昭和二九年六月二九日に売布に木下の母を訪ね、母の言葉を記録していた荒瀬進は、最後に「母の子を思う、子の母を思う至情は一篇の詩境と感じた。殊に母君の申さるるよう、良順は、それはそれは誠に心優しい子ですと。世界の大学者といえども母にとっては三歳児であった。」と書いている。

優れた行政手腕

「なぜ良順はアメリカへ行ってしまったんだろう」

――同僚の間で、彼が去っていったあともたびたび話題になった。

同僚だった高木耕三・大阪大学名誉教授はのちに語る。

「木下先生はね、英語もドイツ語も堪能だった。あの戦争の前は日独医学協会でドイツと付き合い、戦争のあとは進駐軍の軍医の親玉と日本側のかけ橋をやっていた。戦後の医学教育は木下先生がいなければ再建不可能だったんじゃないかな」――。

さらに高木は続ける。

「バター・イエローの仕事は世界中知らない医者はいなかった。さらに市立医専を医科大学に昇格させたのは木下先生のお手柄以外の何物でもない。もっとも本人は学問以外のことで評価されたのは心外だろうけどね」

現在でも「長」のつく身分になると、医学部教員の本務である「教育・診療・研究」に割くべき時間を大幅に削らざるを得ない。なかには管理業務、とくに人事を最大の楽しみにする学長や学部長がいるが、木下にその趣味はなかった。

帝国大学から大阪市大に来てくれた木下には市長以下、市当局がその手腕を大きく期待していた。だが、彼自身はその期待がしだいに重荷になっていった。

しかし、渡米後の木下はシティ・オブ・ホープ病院に落ち着き、がん研究を始めると同時に、日本の文献の紹介につとめ、また日本から続々渡米してくる留学生の良き相談相手となり、研究指導した。

木下の研究領域での日米親善を促進した行政手腕は目覚ましいものがあり、マネジメント能力に期待した大阪市長の慧眼は正しかったのである。

一九五二年・シティ・オブ・ホープ病院

がんセンター構想

シティ・オブ・ホープ病院は前述のように、一九一三年に、開拓のためにロサンゼルスに来ていたユダヤ人患者を収容するための「結核療養所」として二つのテントで誕生した。トーマス・マンの長編小説『魔の山』や堀辰雄の名作『風立ちぬ』に見るように、戦前には結核に有効な治療法は、栄養をとって空気のよい「サナトリウム」で安静にしているしかなかったのである。

　戦後の一九四六年（昭和二一）には、三年前に開発され、結核に対して抗菌力のある初めての抗生物質「ストレプトマイシン」*（streptomycin）が実用化され、

カリフォルニア・ロサンゼルス郊外の砂漠にテント2つを設置して1913年にユダヤ人結核患者の療養所としてシティ・オブ・ホープの前身が発足した
Courtesy of City of Hope Archives

1930年代のシティ・オブ・ホープ結核療養所風景
Courtesy of City of Hope Archives

また栄養状態の改善ともあいまって、南カリフォルニア地域における結核患者は減少に転じた。

結核の治療にめどがついたことから、「シティ・オブ・ホープ」を結核治療施設から「医療センター」に変えようとの方針が打ち出された。この時点で、病院首脳はたんなる臨床病院でない研究病院、それも「不治の病」と恐れられてきた〝がん〟を中心とした「がんセンター構想」が持ち上がった。

がんに対する最新の治療を行なうには研究部門が必須である。シティ・オブ・ホープの首脳部から研究所を主宰するがん研究者の照会を受けたカリフォルニア大学ロサンゼルス校（UCLA）のカーペンター教授は迷わず答えた。

「それならば、うちのキノシタが最適任ですよ。僕のところで二年間客員教授をしてもらっているけれど、じつにすばらしい。彼の世界で認められたバター・イエローの仕事は皆さんご存知でしょう」

ＵＣＬＡ医学部の創立以来、ＵＣＬＡとシティ・オブ・ホープの間で共同研究を進めていたカーペンターは、木下の実力に脱帽していたのである。

UCLA医学部から東に二〇マイル。現在ではフリーウェイが完備したが、当時は砂漠の中にこつぜんと現れるスパニッシュ風の低い病棟と白い緑取りがアクセントとなるレンガづくりの研究棟、そしてこの病院を支えるユダヤ教の礼拝堂が木下の新たな活躍場所だった。

＊ストレプトマイシン　抗生物質の一つ。一九四四年アメリカのワクスマンらにより、土中にいる放線菌の一種 *Streptomyces griseus* から分離。グラム陰性桿菌をも含む広範囲の細菌性疾患に有効で、とくに初めて結核の薬物治療の道をひらいた。また以後の抗生物質開発の端緒をなした。

「がん化学療法」の拠点病院として

木下は一九五二年（昭和二七）五月に、二人の生化学者と一人の研究補助者を連れて研究を始めた。二年後の一九五四年に病院・研究所長としてビーマン博士が着任すると、木下は「細胞遺伝学」部門の部長、一九五八年からは「実験病理学」部門の部長となっている。

この時期、「サンフランシスコ講和条約」（一九五一年）の締結によって、建前上は日本とアメリカの地位が「対等」になったとはいえ、旧敵国出身の所長では政府や種々の財団からの予算獲得に必ずしも有利ではないという、政治的判断が働いた可能性がある。

一種の降格人事ではあるが、木下は管理よりも研究に専念できる環境をむしろ喜んだ。実際、木下の後半生の研究成果はこの時期から急増する。ビーマン自身の科学的業績はそれほど顕著なものではないが、シティ・オブ・ホープ研究所を「がん化学療法」の拠点病院とし、全米に売り出した。

一九五五年（昭和三〇）一二月五日の『ライフ』は数ページを割いて、ビーマン率いる小児白血病治療チームの活躍を紹介している。

一方では新所長の方針に合わず、去っていった研究者も少なくなかった。

研究組織の拡大

研究組織の拡大により、新たに開かれた生化学研究部門長には前出のユージン・ロバーツが招かれた。ロバーツは、一九五〇年に神経伝達物質「GABA」(γ-アミノ酪酸)を発見した、まだ三四歳の少壮気鋭の神経生化学者であった。

彼は、木下と五年ぶりの再会を喜んだ。

少しあとに来たのが「ショウジョウバエ遺伝子研究」で知られるウイリアム・キャプランで、のちに大野乾・池田和夫と共同研究することになる。

シティ・オブ・ホープ研究所を「創設」するという任務から解放された木下だが、この後は後継者たる大野を中心として、研究がさらに大きな実を結んでゆくことになる。

ユージン・ロバーツ博士　(Eugene Roberts 1920～)：アメリカ科学アカデミー会員。神経伝達物質「GABA」の発見者。木下が1949年にワシントン大学（セントルイス）に職探しに来たことを証言。1954年にシティ・オブ・ホープ研究所に生化学部門長として着任し、木下の同僚となり、日本人ポスドクを永年にわたり25名あまり研究室に迎えた。2016年現在、現役で研究活動に係わる。（山口記）Courtesy of City of Hope Archives

ウイリアム・キャプラン博士　（William Kaplan 1914－2002）（左）：神経遺伝学者。カリフォルニア州立大学バークレー校で博士号取得後、スコットランドのエジンバラ大学でポスドク。1954年にシティ・オブ・ホープ研究所に着任。1958年に遺伝学部門長、1996年に引退するまで研究に打ち込む。大野・木下とともにX染色体不活性化の研究に貢献し、1958～64年の間にこの三人が著者の6篇あまりの原著論文を出す。ショウジョウバエのシェーカーミュータントの神経性生理学・遺伝学で池田との共同研究の成果が光る。（山口記）Courtesy of City of Hope Archives

一九五二年・芦屋

プロポーズ

「翠《みどり》さん、一生のお願いがあります。僕と結婚してくれませんか」

──大野乾は思いつめた表情で切り出した。

乾は翠の父・青山礼二お気に入りの青年。内科開業医のかたわら感染免疫の研究を進めていた青山は、母校・阪大微研の協力を得て、新たな結核ワクチンの開発を終えたばかりだった。

昭和二四年（一九四九）に東京農工大学獣医学科を卒業した大野は、東京の伝染病研究所に助手として勤務していた（◆7）。

翠と乾とは乗馬を通して知り合い、お互い憎からず思っていたが、この「突然のプロポーズ」に翠は戸惑いを隠せなかった。彼女にはすでに両親の決めた婚約者がいて、先日結納をすませたばかりだったからである。

一瞬の間をおいて、翠は答えた。

「ありがとうございます」

あとは両親の説得だけだった。

（◆7）明治二五年設立の「大日本私立衛生会附属伝染病研究所」（初代所長・北里柴三郎）から独立し、一九一六年（大正五年）に「東京帝国大学附属伝染病研究所」となった。一九四七年（昭和二二年）に厚生省所管の「国立予防衛生研究所」が設置され、研究所職員の約半数が移籍、その後「東京大学付属伝染病研究所」となり、一九六七年（昭和四二年）に「東京大学医科学研究所」に改組された。

留学

一九五二年八月、大野は伝染病研究所の助手から、カリフォルニア大学ロサンゼルス校医学部・感染症学のカーペンター教授のもとへ、公務出張として二年間の「留学」をすることになった。

婚約者・翠を日本に残してUCLAに着任した大野は、間もなくしてカーペンター教授に呼ばれた。

「ちょうどよかった。君も知っているだろうキノシタがドゥアルテ（Duarte）のシティ・オブ・ホープで頑張っているんだが、彼を手伝ってやってくれないか」——。

この会話が、大野の将来を決定的にした。

日本では、UCLA留学のはずが、名もないシティ・オブ・ホープへ移るということで、伝染病研究所側の戸惑いはもちろん、翠の父・青山も大反対した。

しかし、二年後の一九五四年三月には翠が公用旅券で単身渡米してきて、二人の新婚生活が始まった。

翠は語る。

「それは貧乏な暮らしだったのよ」……。

こうして木下・大野の究極の師弟関係がカリフォルニア州ドゥアルテの砂漠の地で始まった。

朝鮮戦争後の好景気に沸くとはいえ、当時、研究設備や研究費の点で日米の差は計り知れないものがあった。さらに日本に帰っても、伝染病研究所は東大出身者、医師優先の社会――。のちに「世紀の天才」と評される大野であるが、故国に帰ってそのままエリートコースに乗るという保証はない。

しかし、乗馬を通して結ばれた大野夫妻がアメリカ移住を決定した最大のモチベーションは、カリフォルニアでは、東京では不可能な「乗馬」が自由にできるということだった。

やはり、この夫婦もふつうの枠ではとらえられない。

新婚早々の若き大野夫妻（1954年）
Courtesy of City of Hope Archives

一九五四年・ロサンゼルス

バロン西の再来？

「シティ・オブ・ホープの日本人は*バロン西の再来か？」

一九五四年（昭和二九）、ロサンゼルスメモリアル競技場、カリフォルニア州の馬術大会は沸いた。

一九五六年に開かれる「メルボルン・オリンピック」予選をも兼ねたこの大会で大野は地区優勝まで進む。二〇年前にこの地で開かれたロサンゼルス・オリンピックで、「バロン西」こと日本の西竹一が障害飛越で金メダルを獲得したことは、土地の乗馬愛好家の間でまだ鮮明な記憶として残っていた。

人々は期待と好奇心、そして若干のやっかみをこめて噂した。

大野自身、この時を「生涯最良の時」と回想するが、オリンピック出場は辞退した。その理由は大野自身が語るように、旧敵国人にはロクな馬が与えられないことだったのか、この時点ではまだ国籍が日本にあってオリンピック選手となる資格がなかったのか、はっきりしない。ただ大野自身、この時期に今後の後半生をアメリカの地に埋めようと決心したことは間違いない。

一九五五年（昭和三〇）には待望の大野夫妻の長男「アズサ」が誕生した。大野夫妻は長女（ユカリ）次男（タケシ）とも、アメリカで成長するわが子たちとは完全に英語で接した。

＊バロン西　本名・西竹一。男爵。日本近代馬術競技の創始者、遊佐幸平の指導を受け一九三二年ロサンゼルス・オリンピックの馬術大賞典障害飛越競技に初出場し優勝。一九四五年硫黄島で戦死。一九〇二〜一九四五。

アメリカのオリンピック代表に選ばれるほどの乗馬技術を持っていた大野博士。Courtesy of City of Hope Archives

卓越した英語力

木下・大野とも、論文の英語は非常に格調が高く、語彙《ごい》が豊富である。

木下の英語修行についてはよくわからないが、渡米直後、若き日の大野は英文のスキルを磨くべく「シェイクスピア」の諸作品と、一八世紀イギリスの歴史家エドワード・ギボンの『ローマ帝国衰亡史』を諳《そら》んずるまで読んでいたという。

これらはいずれも、現在では電子図書で無料あるいはきわめて安価に入手できるが、ふつうに日本で英語教育を受けた大学生や院生、あるいは英文学を専攻しない理科系の大学教員にとってはかなりの難物である。

英会話スクールやインターネット教材など、現代のほうがはるかに英語学習環境は整っているのだが、それでも語学習得はなかなか難しい。

国際共同研究や留学でもまず、若人の英語苦手感を払拭する必要性を痛感する。

日本人が書いた英語の本で、名文といわれるものに、戦前では岡倉天心《おかくらてんしん》の『茶の本』（The Book of Tea）と新渡戸稲造《にとべいなぞう》の『武士道』（『The Soul of Japan』）、それに内村鑑三《うちむらかんぞう》の『代表的日本人』（Japan and Japanese）がある。これらはすべて日露戦争のころに書かれたもので、「すぐれた英文」といわれる。

戦後になるが、筆者（早川）個人の感想でいえば、仏教学者で禅の研究者としても知られる鈴木大拙*（すずきだいせつ）の英文がもっともみごとである。大拙には『禅思想史研究』などの英文による著作があるが、どれも平明でありながら格調が高い。英語と和文・漢文双方に高い見識のある者のみが書き得るものだろう。科学者にしてこのレベルに達するのは木下・大野のほかに思い浮かばない。

*鈴木大拙　仏教学者・思想家。禅の欧米への紹介者。鎌倉の円覚寺に参禅。一八九七年渡米。アメリカで東洋学関係の書籍の出版をすると同時に英訳『大乗起信論』（一九〇〇）や英文『大乗仏教概論』など禅についての著作を著し、禅文化ならびに仏教文化を海外に広く知らしめた。ジョン・ケージやユング、ハイデッガーとも親交があった。一八七〇〜一九六六。

格調高い英語論文の復活を望む

彼らは、どうしてあのような立派な英文が書けるようになったのか？

おそらくは忍耐と熱意の産物であったろう。決して根性論をいうつもりはないが、明治維新一五〇年を経て、日本人の若人の要領はよくなっても、地道な努力を基礎とする知的能力が必ずしも向上していないことに歯がゆい思いがする。

二〇世紀後半から二一世紀にかけて、日本人のみならず世界中から英語を母国語としない科学者による多くの英文論文が出ているが、多くは先行論文を参考にし、定型的なテクニカルライティングの形式を守り、より早く、より多くの論文を出すことに主眼を置いている。

いま改めて、木下・大野の英文を読むと、単に新たな事実の報告にとどまらず、自然界の秘密を解き明かす喜びと同時に、行間に漂うユーモアのセンスを感じることができる。

誰でも書けるテクニカルライティング全盛の世ならばこそ、教養主義の伝統を生かす格調高い英語論文の復活を望みたい。とくに大野の晩年のエッセイは時代を超えて、科学を志す若者の読むべき「古典」になりえると思う。

一九五一年・サンフランシスコ

フルブライト留学の開始

「やれやれ、これで本当に戦争が終わったね」

――新聞を見て木下がフローレンスにいった。

一九五一年（昭和二六）九月八日、同じカリフォルニアでもシティ・オブ・ホープからは北に遠いサンフランシスコの中心にあるオペラハウスで、日本国の首席全権の吉田茂（よしだしげる）首相以下、池田勇人（いけだはやと）、苫米地義三（とまべちぎぞう）、星島二郎（ほしじまにろう）、徳川宗敬（とくがわむねよし）、一万田尚登（いちまたひさと）ら六人の政府・与党・日銀を代表する委員と、四八カ国との間で「*サンフランシスコ講和条約」が調印され、同時に日本国とアメリカ合衆国との間の「安全保障条約」も署名された。翌年の一九五二年四月二八日に発効予定である。

植民地の独立とインフラの破壊によって、戦後も不況と荒廃が続いていたイギリス・フランスとは対照的に、アメリカはすでに大戦前の経済レベルを取り戻していた。この時期から前述の「フルブライト留学制度」が始まる。

「世界平和を達成するためには人と人との交流が最も有効です」——。

第二次大戦も終結が見えてきた一九四五年春、上院外交委員長ジェームズ・ウイリアム・フルブライト（一九〇五〜一九九五）はこう演説した。

フルブライトは改姓前は「フルブレヒト」というドイツ系二世。弁護士を経て、若くしてアーカンソー大学法学部教授となり、下院議員・上院議員と進む。自分のルーツたるドイツと現祖国アメリカが二度の大戦で争い、互い大きな傷を残したことがこの発言の背景にあった。

「諸国民の間での人物交流による相互理解が悲惨な戦争勃発を防げる」

というのがフルブライトの生涯を通じての信念だった。

彼の発議は満場一致で承認され、これを受けた国務省の予算措置によって一九四六年から「世界各国の相互理解を高める目的」の奨学金が発足した。ただ、日本から派遣が始まるのは先に述べた「サンフランシスコ講和条約」の発効後である。

これに先だち、アメリカが第二次世界大戦後の占領地域において、社会生活の困難を救うために、軍事予算の中から支出した「ガリオア基金」(Government Appropriation for Relief in Occupied Area Fund) による留学生が少数いたが、基金の目的はあくまで占領地域の経済復興で、通貨の安定や輸出の促進など、経済の再建のために運用され、学術交流までは十分に回らなかった。

＊サンフランシスコ講和条約　正しくは対日平和条約。日本と連合国との間に結ばれた第二次大戦終結のための平和条約。朝鮮戦争を機に一九五一年九月八日調印、一九五二年四月二八日発効。内容は前文と二七カ条よりなり、ポツダム宣言に基づき、明治以降日本が併合した全領土の放棄、軍事力撤廃、賠償支払いなどを決定。沖縄・小笠原はアメリカの施政下となる。同時に日米安全保障条約が結ばれ、日米行政協定も同時に発効して日本の対米依存が強まった。また朝鮮の独立、台湾・澎湖諸島、千島・南樺太の放棄を規定したが帰属先は不明確のままで紛争の種を残した。ソ

連・ポーランド・チェコスロバキアは調印を拒否、インド・ビルマ・ユーゴスラビアは欠席、中国は招かれず全面講和とはならなかった。

錚々たるメンバー

一九五二年に、第一陣の三一名の「日本人フルブライト奨学生」が渡米した。以後、一九五三年に二六一名、一九五四年に三〇三名、一九五五年に三〇三名と、一九六六年まで毎年三〇〇名前後が留学したが、予算削減もあり、一九六九年以降は一〇〇名以下に減少したが、現在も継続している。

フルブライト奨学生の名簿を見ると、初期には「文系」の留学生が主流だったが、一九五五年（昭和三〇）以降は理・工・医学系の留学生が主流となってくる。ただ留学先は、ボストンのハーバード大学、マサチューセッツ工科大学、コネチカットのイェール大学、野口英世が活躍したフィラデルフィアのペンシルバニア大学などの、いわゆる東部のアイビーリーグが中心だった。

これに対して、カリフォルニア州やワシントン州などの西海岸に留学した人は全体の六パーセントにも満たない。おそらくは、大戦前からこれら東部の旧設大学には学問的伝統があり、西海岸の多くの大学が戦後になって伸びてきたことと関係があるのではないかと思われる。というのは、二〇世紀後半から二一世紀にかけてＩＴ、バイオ、ナノテクなど、新たな分野は西海岸が推進しているからである。

フルブライト奨学生の名簿をめくると、自然科学では、ノーベル賞に輝く利根川進《とねがわすすむ》（一九六三年・カリフォルニア大学サンディエゴ校）、小柴昌俊《こしばまさとし》（一九五三年・ロチェスター大学）、下村脩《しもむらおさむ》（一九六〇年・プリンストン大学）、根岸英一《ねぎしえいいち》（一九六〇年・ペンシルバニア大学）の名が目にとまるが、人文科学でも、国連で活躍した明石康《あかしやすし》（一九五五年・バージニア大学）、心理学者の河合隼雄《かわいはやお》（一九五九年・カリフォルニア大学ロサンゼルス校）、経済学者の佐藤隆三《さとうりゅうぞう》（一九五七年・デトロイト大学）、社会学者の都築忠七《つづきちゅうしち》（一九五二年・プリンストン大学）ら錚々たる人士が並ぶ。シティ・オブ・ホープ・メディカ

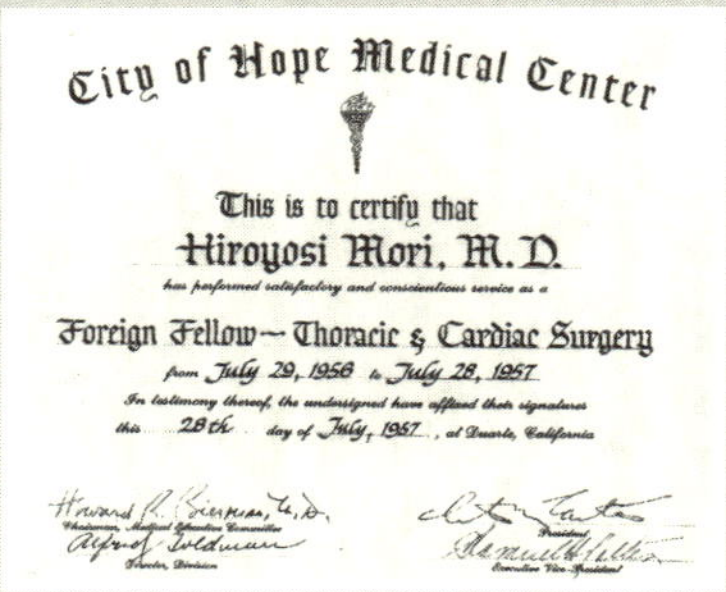

City of Hope Medical Center

This is to certify that

Hiroyosi Mori, M.D.

has performed satisfactory and conscientious service as a

Foreign Fellow—Thoracic & Cardiac Surgery

from July 29, 1956 to July 28, 1957

In testimony thereof, the undersigned have affixed their signatures

this 28th day of July, 1957, at Duarte, California

森博愛博士のシティ・オブ・ホープ修了証

2015年9月、山口がアメリカから、森博愛博士に連絡がつき、1956年当時の貴重な写真を送っていただいた。そして10月15日に徳島駅前でお会いすることができた。文献・資料をいただき、木下・大野の当時をご存知の先生からお話が聞けてたいへん感激した。筒に大切に保管されていたシティ・オブ・ホープからの研修修了証のコピーを取らせていただいた。森博士の父上は故郷の美馬市で大正時代から医院を開業していたが、この医院は明治19年に伝統様式で建てられた和風建築で、美馬市の表通りに面し、隣家との間には「うだつ」（卯建）が高さを競っている。森博士は美馬市の観光パンフレットを山口に見せ、大きく載った森家の卯建を指さした。卯建が何たるかを初めて知ることとなった。（山口記）

ル・センターには一九五六年から留学した循環器病学の森博愛《もりひろよし》博士（現徳島大学名誉教授）の名前が光る（◆8）。


（◆8）フルブライト奨学生の名簿から、以下の三名が森のあとに、一九六四年にシティ・オブ・ホープ病院に留学していることがわかった。

福島保喜（ふくしまやすのぶ）。東大・第三内科出身、東邦大学医学部名誉教授。専攻は呼吸器内科学。瀬戸輝一（せとてるかず）。東大で学位取得後、国立がんセンターを経て元帝京大学医学部教授。専攻は臨床病理。

村尾裕史（むらおひろし）。東大第三内科出身、米国イーライリリー社、日本イーライリリー相談役。専門は呼吸器疾患。

ノーベル賞級の研究者たち

留学先のアメリカをそのまま研究拠点として大きな業績を上げた日本人研究者は少なくない。その代表格は、先述した有機合成におけるカップリング機構の根岸英一（一九三五年生）、イムノグロブリンの多様性を決定する分子機構を明らかにした利根川進（一九三九年生）、発光タンパク研究の下村脩（一九二八年生）らノーベル賞に輝く科学者たちに加え、神経生理学のパイオニア萩原進（一九二二〜一九八九）、天然有機化合物研究の中西香爾（一九二五年生）、アレルギーの原因である免疫グロブリンE（IgE）を発見した石坂公成（一九二五年生）、リボゾーム機能を解明した野村眞康（一九二七〜二〇一一）、ウイルス発癌機構を明らかにした花房秀三郎（一九二九〜二〇〇九）、糖脂質・癌糖鎖抗原研究の箱守仙一郎（一九二九年生）らはいずれもノーベル賞をもらって不思議のない学者である。

大野乾も何度かノーベル賞候補になりながら、残念ながら受賞を逸した。二〇

○○年にヒトゲノムが解明され、大野の「遺伝子重複説」が遺伝子レベルで証明されたまさにその年に、病が彼を天に召したのだった。
しかし、大野の愛弟子というべきブルース・ボイトラーが自然免疫研究で二○一一年に「ノーベル医学生理学賞」を受賞している。

ブルース・ボイトラー（Bruce Beutler）：最近のシティ・オブ・ホープでは、大野の業績を知らない研究者が大多数になったこともあり、2014年から「大野記念レクチャー」を開催している。2015年11月2日の第2回大野記念レクチャーでは、大野を尊敬している2011年ノーベル医学賞受賞者のブルースを招待した。
山口は対談する機会を得たが、そのおり、大野がベックマン研究所の所長としてブルースを強力に推薦していたことを初めて聞いた。家庭の事情で返事を延ばしているうちに大野が亡くなったのでこの話は立ち消えになったそうだ。もしブルースが来ていたらシティ・オブ・ホープは今日の姿とは違っていたのではないかと考えさせられた。（山口記）

アーネスト・ボイトラー（Ernest Beutler 1928～2008）：1935年、7歳でナチス・ドイツを逃れ、ミルウォーキーに一家で移住。21歳の若さでシカゴ大学・医学博士となり、軍とシカゴ大学で経歴を積んだ後、1959年にシティ・オブ・ホープ医学研究部門長として着任。その当時から大野との共同研究が始まり、生涯の友となる。専門は血液病学であるが、G6PD欠損赤血球の研究で、大野とのX染色体不活性化を生化学的に証明。ゴーシェ病などの遺伝子疾患・代謝病の原因解明に貢献した。1976年から始まり大きく発展したシティ・オブ・ホープの骨髄移植プログラムの創案者。1976年、アメリカ科学アカデミー会員。1978年からスクリプス研究所で部門長。（山口記）Courtesy of City of Hope Archives

シティ・オブ・ホープと日本人科学者

一九五〇年代

木下のもと、多くの日本人科学者がシティ・オブ・ホープに足跡を残した。戦前からの木下の知己であり、細胞遺伝学者である牧野佐二郎（一九〇六～一九八九）北大・理学部教授は、一九五〇年代以降つぎつぎと有能な研究者を送り込んできた。

田中達也・恭子夫妻（帰国後愛知がんセンター研究所）を先駆けとし、岡田正（生涯をシティ・オブ・ホープで過ごし、最後は板倉研）ら多くの日本人ポスドク（◆9）が木下のみならず、ユージン・ロバーツのラボにも滞在した。

木下良順博士（1960年）
Courtesy of City of Hope Archives

木下の紹介の有無にかかわらず、ロバーツは総計二五名あまりのポスドクを育成し、日本に対して終始大変な好感をもっていた。その好意は一九六〇年代に日本に招待された二カ月でさらに強固になった。

病理学者としての木下はすでに伝説的存在であり、東大・沖中内科からは前川正（元群馬大学・学長）や衣笠恵士（元都立墨東病院・院長）が派遣された。沖中重雄（おきなかしげお。神経病理学。一九〇二〜一九九二）や親友であった法医学者の古畑種基（ふるはたたねもと。東大教授。一八九一〜一九七五）ら日本人が訪問すると、木下は必ず大野夫妻を紹介した。日本との学問上のつながりを維持しようと思ったのだろうか。

東大・病理の掛札堅（かけふだつよし）（◆10）は一九六〇年に、翌一九六一年（昭和三六）の「日本病理学会総会」に木下を招待することを交換条件として、教室主任の吉田富三教授に留学を許された。一〇年以上日本を離れていて、日本語での「演説原稿が書けない」という木下の英語原稿を日本語に翻訳したのは掛札であった。

1956年ころ、サンディエゴ近郊でのドッグショーにグレイトデーンと参加する木下教授。（写真提供：森博愛徳島大学医学部名誉教授）

中田勝次（大阪医科大学名誉教授）は昭和三二年（一九五七）に木下が企画した「肝臓の機能と構造に関する国際シンポジウム」への招待が縁となり、昭和三三年にシティ・オブ・ホープに滞在した。

そのころの研究室は結核サナトリウムであった木造平屋の建物を改造したもので、木下のオフィスと秘書室のほか、小さな部屋が四室くらいしかなかった。その一角に、染色体の仕事をしていた大野乾が「組織培養」を始めていたという。バイオセーフテイなどまだ思いもかけない牧歌的な時代である。

木下夫妻は研究所から遠からぬドゥアルテ郊外のフィッシュキャニオン（Fish Canyon）に住んでいた。西海岸としては小さな住居だったが、犬好きのフローレンスは常時一〇匹以上のグレートデーン（偉大なデンマーク犬の意）を飼っており、犬を運動させるための広大な庭が必要だった。

独身の中田は、週末には木下家の庭で庭木に給水し、庭仕事を手伝い、実の子のようにかわいがられた。木下から「Research」の原意は「approach」ということを教わったこと、科学者の信条は真理に対する誠実さを強調されたという。

（◆9）日本では博士研究員のことだが、アメリカでは博士号取得後に二〜四年修行することを指し、PIとして独立を目指すための大切な期間である。テニアトラックの職にありつけない場合は、企業に行くか、研究教授のキャリアか、研究補助員（Research Associate）に就くことになる。

（◆10）掛札堅（一九二九〜二〇〇六）東大医学部から一九六〇年にシティ・オブ・ホープに留学。一九六七年からNIH主任研究員として自身の研究を続けながら日米がん協力プログラムのアメリカ側事務局長を務めた。日米研究者交流の推進に多大な貢献をした。

森博愛の回顧

話は前後するが、一九五六年六月から一九五七年五月まで、シティ・オブ・ホープにはフルブライト奨学生として森博愛が滞在した。森は九州大学出身で、循環器内科学専攻で徳島大学教授、病院長を務めたのち、名誉教授として今でも後進の指導にあたっている。

遺伝子工学や免疫学を専攻した筆者たちにはあまり付き合いがなかったが、シティ・オブ・ホープには優れた心臓外科と循環器内科があった。アメリカでは虚血性心疾患や心臓弁膜症は昔も今も最大の「死病」であるが、シティ・オブ・ホープの臨床成績はすばらしく、全米から患者が集まった。

森は語る。

「一九五六年当時、留学することがいかに困難だったかというとね、東京―ロサンゼルスの航空運賃が五〇〇ドルでした。当時一ドルが三六〇円だから一八二、五〇〇円になるかな。小学校の先生の基本給が五、八五〇円だったから二年半分の給料になりますか」――。

そのうえ、国外への外貨持ち出しも厳しく制限されていたので、たとえ国内で多くの資産を持つ者でも、アメリカの奨学金を獲得しなければ、国外での研修・研究はまったく不可能だった。森は、九州大学から徳島大学助手赴任後、その一カ月ののちに留学の許可をもらったという。

1950年代、木下・大野両博士が赴任したころのシティ・オブ・ホープ全景：右側が入口で四角い中央棟からウィング1～6が伸びている。ウィング1、4、5、6は現在も使われている。
Courtesy of City of Hope Archives

1952年8月、シティ・オブ・ホープ研究所での最初の研究グループ：前列右から2人目が木下博士。2列中央が大野博士。Courtesy of City of Hope Archives

1955年当時のシティ・オブ・ホープ研究者と医者の集合写真：2列目中央が木下、右隣りがアルフレッド・ゴールドマンとハワード・ビルマン、木下の左隣り3人目がウイリアム・キャプラン、後列左から4人目が大野乾、8人目がユージン・ロバーツ。Courtesy of City of Hope Archives

シティ・オブ・ホープ正面入り口に佇む森博愛・徳島大学医学部名誉教授。
（写真提供：森博愛博士）

研究所開所当時のグループ写真（右頁上）が撮影されたワーナー・メモリアル・ビルを望む。（写真提供：森博愛博士）

当時、多くの渡航者は「氷川丸」（一一、六二二総トン）で二週間かけて渡米していたが、フルブライト留学生は同委員会から「往復航空券」が支給されたため、パンナム航空で羽田を出発、ウエーキ島およびハワイの空港に給油のために寄港し、ロサンゼルスに到着した。

「広いところだな」

――それが森の第一印象であった。

フリーウェイが完備していなかった当時は、空港からドゥアルテまで一時間以上のドライブだった。

若き森博士は専門の心臓外科医や胸部外科部長のもとで、心電図判断の信頼性を評価する研究を始めた。そのころのシティ・オブ・ホープには、六人の日本人留学生がいたという。

彼ら留学生は大野とともに、木下家でのパーティーにしばしば招待された。さらに木下はいろいろなところに車で案内してくれた。サンディエゴの南、メキシコ国境に近い町でのドッグショウのカラー写真が残されている。

1950年1月20日、エレノア・ルーズベルト（Eleanor Roosevelt：1884〜1962：アメリカ合衆国第32代大統領フランクリン・ルーズベルトの妻、アメリカ国連代表、婦人運動家、文筆家。リベラル派として高名）のシティ・オブ・ホープ訪問。ビジネスで成功し、博愛主義者で篤志家のビクター・カーター（Victor Carter）、エグゼクティブ・ディレクターのサムエル・ゴルター（Samuel Golter）が案内した。ゴルターはこの頃、サナトリウムからがん治療を視野に入れた病院・研究所の構想を進めていた。（山口記）Courtesy of City of Hope Archives

一九六〇〜七〇年代　大野に続いた日本人研究者

つい最近鬼籍に入った神経科学者・池田和夫（一九二六〜二〇一六）は、シティ・オブ・ホープに、一九六六年に神経生理学部門を立ち上げた竹内昭（順天堂大学名誉教授）の紹介で、一九六七年にカリフォルニア工科大学から移籍した。生きたショウジョウバエの一神経細胞に電極を差し込んで電位を記録するという神業の持ち主で、神経科学上画期的な業績を残した。彼は日本を含めて世界中から多くのポスドクを迎えたが、この技術を継承できるものはいなかった。

林泉はカリフォルニア大学サンディエゴ校大学院生の時に、日系人でアメリカ科学アカデミー会員のゴードン・サトウの指導のもとに「無血清培地」の開発を成し遂げた。これは、未知のホルモンや増殖因子の発見に不可欠の技術である。彼女はマサチューセッツ工科大学（ＭＩＴ）でのポスドクを経て、シティ・オブ・ホープに移ったが、惜しくも四四歳の若さで脳腫瘍により夭折した。

吉田昭（一九二四〜二〇〇五）は、東大教養学部助教授から、フランス、アメリカ・ペンシルバニア大学とＮＩＨ（◆11）を経て、シアトルのワシントン州立大学での教授職を得た。その後、一九七二年から生化学遺伝部門の部長として、二五年にわたりシティ・オブ・ホープで糖代謝系とアルコール代謝系酵素の遺伝的変異解明などに業績を残した。彼は日本人のポスドクを常時二〜三人研究室に抱えていた。初期は筆者の一人である山口陽子を含め、理系学部出身の研究者が中心であったが、一九八五年ころからは日本人の医師にも研究の場を提供した。

（◆11）一八八七年に設立され、日本では「アメリカ国立衛生研究所」と訳されているが、実態は本書にも述べたＮＣＩ（National Cancer Institute、国立がん研究所）が一九三七年に発足したのを始め、複数の特化した二〇の研究所と七センターの集合体で、世界的にも研究・治療と研究費の分配に係わる一番大きな機関となっている。

吉田昭（1924〜2005）
Courtesy of City of
Hope Archives

池田和夫（1926〜2016）
Courtesy of City of
Hope Archives

時代を先取りした研究

ところで「2 hit theory」の発見で知られるアルフレッド・クヌードソンは、一九五六年にシティ・オブ・ホープ病院の最初の小児科部長として着任した。クヌードソンは一九五六年にカリフォルニア工科大学から博士号取得しているので、それ以前に木下・大野とのつながりがあったことが想像されるが、小児科部長と兼任で一九六一年から生物学部門・初代部長をつとめた頃からは大野とより身近な存在となったに違いない。

一九七一年に、「発がんにはDNAに二つの変異が必要」との「クヌードソン仮説」を提唱し、がん遺伝子、がん抑制遺伝子の発見につながった。

クヌードソンも大野と同様に時代を先取りした研究を成し遂げ、ノーベル賞候補であり続けたが、つい先日、二〇一六年七月一〇日に亡くなり、かなうことはなかった。

アルフレッド・クヌードソン（Alfred Knudson 1922～2016）：1947年カリフォルニア工科大学卒、1947年コロンビア大学で医学博士取得後、朝鮮戦争などに軍属。1956年カリフォルニア工科大学から博士号取得。1956～62年シティ・オブ・ホープ病院小児科部長として小児がんの治療に従事。1961～66年には大野とともに生物学部門に所属。その後転出し、1976年からは終身フィラデルフィアのフォックス・チェイスがんセンターに所属。1971年に、発がんにはDNAに2つの変異が必要との「クヌードソン仮説」を提唱し、10数年後、がん遺伝子およびがん抑制遺伝子の発見につながった。クヌードソンは、網膜に発生する腫瘍で散発性および遺伝性に発生する網膜芽細胞腫の症例の統計学的解析を行なった。遺伝性の網膜芽細胞腫は散発性よりも若年性に発症すること、遺伝性の網膜芽細胞腫を持つ小児は両眼に腫瘍を発症しやすいという疾病素因を有していることを発見した。クヌードソンは、発がんにはDNAに対する複数の打撃（hit）が必要であると提唱した。すなわち、遺伝性の網膜芽細胞腫を患う小児はDNA異常を遺伝的に一つ保有しており、そこへ第2のhitが生じると速やかにがん化が起こる。これに対して非遺伝性の網膜芽腫には腫瘍の進行前に2つの打撃（2 hit)が起こらねばならないという。1998年ラスカー賞、2004年京都賞基礎科学部門など多数の受賞歴がある。(山口記)

シティ・オブ・ホープには多くの日本人医学者、研究者が木下・大野のもとを訪問した。

森博愛のあと、東大・医学部を出たばかりの志方俊夫が木下のところにやってきた。東大・病理では吉田富三以来、「肝がん」がメインテーマの一つだった。志方は木下のもとで免疫組織化学の研究をみっちりと仕込まれた。帰国後、志方はB型肝炎組織を特異的に染色する「志方オルセイン染色」を発明した。

筆者の一人・早川が学生だったころ、志方が日大第一病理学教授として赴任した。白晳《はくせき》に蝶ネクタイを締めたダンディな風貌の先生だったが、できの悪い学生、不真面目な学生が嫌いで、

「聞きたくない人はどうぞ出て行ってください」

とおだやかに諭されると、みな下を向いたものだった。

幼少期をシティ・オブ・ホープで過ごした志方先生のご令嬢・えりささん（現・日本大学病院臨床検査部准教授）は、「たくさんたくさんバラが咲いていたことを覚えている」という。

一九八〇年代は遺伝子工学の黎明期であり、最先端を走っていたシティ・オブ・ホープには「板倉研究室」を中心に、遺伝子工学を導入しようとする旭化成、湧永製薬、三井東圧、第一製薬などの企業からの研究者が数多く参集し、一～三年間研究に参加した。

大野のライフワークである性決定因子の研究には長井幸史（福井医科大教授）、須藤鎮世（就実大学教授）、遺伝暗号の進化には森望（長崎大学教授）、松永丈志（ウメオ大学助教授）らが参画することになる。

一九五五年・ハリウッド

初仕事は動画撮影

アメリカの州には愛称がある。

「ゴールデンステート」といえば、カリフォルニアである。

しかし、木下良順・大野乾の活躍した一九五〇年代は、伝説の「ゴールドラッシュ」からすでに一世紀がたっていた。

二〇世紀ロサンゼルスの中心産業といえば「ハリウッド」――。もともとはロサンゼルス北方の無花果《イチジク》果樹園だった土地に、一九〇〇年代シカゴとニューヨークからモーション・ピクチュアカンパニーの独占を嫌った中小のトーキー映画会社が移ってきたのがそもそもの始まりである。晴天が多く、安価な労働力の得られるこの地で現在まで続く映画産業が花開いた。

木下が大野に命じた最初の仕事は「細胞分裂」の動画撮影だった。木下の後任となったビーマン所長は白血球交換療法に興味があり、木下にウサギの骨髄細胞の増殖と分化の動画を撮ることを依頼してきたのだった。

従来は、骨髄組織をホルマリンで固定、パラフィンで包んだ組織を薄く切って核を青色色素のヘマトキシリン、細胞質を赤色色素のエオジンで染めるか、細胞をガラススライドに薄く塗って同じようにギムサ染色して観察するしかなかった。赤と青に染められた骨髄組織は美しく魅力的であるが、あくまで生命現象の一瞬を固定することになる。

血液をつくり出す骨髄の動きが一連の流れとして見られるならば確かに非常に魅力的であり、予算獲得にも大きな力を発揮する。しかし、少し意地悪な見方をすれば、それで何か新しい発見が期待できるわけではなく、それ自体の学問的意義は必ずしも高いとはいえない。だが、新天地を得た大野はその仕事を請け負って、三巻の映画を撮った。その中の一巻が科学映画祭で「一等賞」を取ったという。

後年の大野は語る。

「何もかも一から覚えなくてはならなかった技術だったのですが、さいわい僕は器用な手の持ち主で、万事うまくいきました。デリケートで器用な手の持ち主であることは、馬に乗るときも不可欠なのですよ」——。

アメリカのどこかにこのフィルムは残っているはずだが、本書執筆の時点では入手不可能だった。

一九五八年・UCLA

「三毛ネコ」はなぜメスか

ネコはイヌと並んで、もっとも人気のあるペットである。しかし、イヌは原種であるオオカミにもっとも近いシェパードから、とても同じ種とは思えないセントバーナードやチワワ、ブルドッグなど多種多様な形態をとるが、ネコはそれほどの多様性がない。

ただネコの場合、同じ品種の中でも、黒ネコ・白ネコの間にトラネコ、ブチネコ、三毛ネコなどさまざまな「毛色」が存在する。しかし、遺伝的にはネコの毛色は「黒」と「赤」（茶）のみで、その発現パターンの違いによるものである。

さて、「三毛ネコ」のほとんどはメスで、オスの三毛ネコはきわめてまれであり、古来、洋の東西で珍重されている。この遺伝的背景を明らかにしたのが大野の最初の「大発見」である。もっとも、大野夫妻は無類のネコ好きではあったが、そのために発見したというわけではない。

イエネコは一万年前に古代オリエントで人類が農業を発明したころ、穀物倉庫を荒らすネズミ退治のためにヤマネコに近い祖先から飼いならされたらしい。

ネコの染色体は性染色体一対と常染色体一八対の計一九対三八本からなる。約三万の遺伝子はそのいずれかの上に乗っている。ヒトの場合は性染色体一対と常染色体二二対の計四六本。ヒトもネコも女性（メス）の性染色体はＸＸ、男性（オス）はＸＹの二本である。そのため、遺伝子情報はＤＮＡからＲＮＡに転写されるので、Ｘ染色体上の情報は女性において男性の二倍発現することになってしまう。Ｘ染色体上には性徴（男らしさ女らしさ）以外に生物が生きていくうえで必須の遺伝子が多数存在しており、これが男女両性で二倍も発現が異なっていてはおかしいことになる。

大野・キャプラン・木下共著論文

一九五八年、カリフォルニア・ロサンゼルス校のクリスマスパーティーで、病理学者シアーズ博士から女性の組織標本のみに見られる核の濃染部分（バー小体）があるということを聞いた大野は、これこそ不活化した一本のX染色体に違いないという仮説を立て、ラット切除肝で実験をはじめた。その結果、みごとこの仮説が証明できて、一九五九年に木下・キャプランとの共著論文となった。

大野は不活化しているのが父親由来のX染色体であると推定したが、このところだけは違っていて、実際には両親いずれかに由来するX染色体がモザイク状に不活化している。このランダムな不活化を証明したイギリスのメアリー・ライオン博士（一九二五〜二〇一四）にちなんで、一般には「ライオン（Lyon）の仮説」として知られるが、発見自体は大野のほうが早い。

おもしろいことに、大野の推定した父親由来のX染色体選択的不活化は人を含む大部分の哺乳類の胎盤組織と、胎盤が不完全な有袋類ではそれ以外の全身組織でも生じている。

重要なことは、胎盤形成には常染色体上の父親由来遺伝子の活性化が必須であるのに対し、全身の他の組織をつくるには母親由来遺伝子の発現が必須である。精子のみの単為発生では胞状奇胎（胎盤の腫瘍）が、卵子のみの単為発生では奇形腫（毛髪や骨・神経・消化管組織などからなる腫瘍）が生じる。

性染色体の構造と性の分化

話が「三毛ネコ」にもどるが、ネコのメラニン産生遺伝子はX染色体上にある。オスは一本しかX染色体がないので色素産生遺伝子を持つものは黒、ないものは白。メスは二本とも産生能があれば黒、なければ白。一本づつの場合、つくる細胞が分布しているところは黒もしくは茶色、つくらないところは白、つまり「三毛ネコ」ということになる。

オスの三毛ネコは産生と非産生のX染色体が一本づつあって、これにオスとしての性質を与えるY染色体が加わる、ヒトでいう「クラインフェルター症候群」(男性生殖器がありながら女性的な体形となり、精子形成ができず不妊となる)というきわめてまれな状態なのである。だた、ヒト同様にネコでも「クラインフェルター症候群」は不妊症が多く、子孫を残せないという次第。

性染色体の構造と性の分化に興味をもった大野は、さらにこの領域の研究を進めてゆくことになる。

一九五九年に、シティ・オブ・ホープに医学研究部門長として赴任し、大野の大親友となった血液病学者アーネスト・ボイトラーは、遺伝的貧血の原因となる「グルコース-6-リン酸脱水素酵素」(G6PD)欠損において、ヘテロ接合型女性には「欠損型」と「正常型」の両方の赤血球が存在することを報告した。

二人のこの研究成果が一九六三年一月四日発行の『タイム誌』で一般向けに紹介された。

この論文でボイトラーは、

「この発見は大野に負うところが大きい」

と述べている。

彼の子息が「自然免疫」の発見で二〇一一年にノーベル賞に輝やいた前出のブルース・ボイトラーである。ブルースが大学生のころ、大野研究室で一年あまりを過ごし、大野は翠夫人に「せがれのほうがだいぶ筋がいい」とほめていた。「梅檀《せんだん》は双葉から芳し」というべきか。

ブルースがノーベル賞を受賞したのは大野の没後一〇年たってからであるが、もっとも尊敬する科学者として「大野乾」を挙げている。

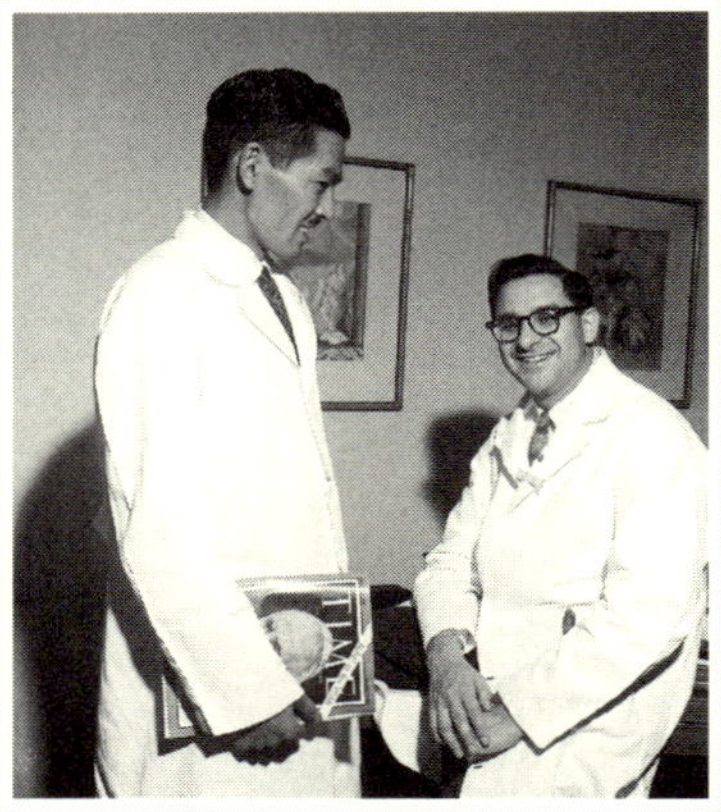

ローマ法王パウロ二世が表紙を飾る1963年1月4日発行の『タイム誌』（TIME)を手にする大野博士。ボイトラー博士（Ernest Beutler；大野博士の大親友で著名な血液病学者：2011年ノーベル生理学賞受賞のブルース・ボイトラー［Bruce Beutler］の父）との共同研究“Research Make it Official: Women Are Genetic Mosaics”（女性の体細胞がX染色体に関してモザイクであると実証した研究）が世界に紹介された。Courtesy of City of Hope Archives

一九七〇年・シティ・オブ・ホープ

遺伝子重複による進化

西洋音楽に「主題と変奏」という形式がある。数小節の主題やコード進行をくり返しながら、これにさまざまな変奏を加えてゆく。バッハの長大なシャコンヌやパッサカリア、比較的親しみやすいロンドやベルガマスカなどの舞曲も同様である。

最初に聞いた音の流れが記憶に残りやすいため、楽曲自体が長くなっても飽きることがない。逆に、次に何が出てくるかわからない二〇世紀以降の現代音楽は一部のマニア以外にはあまり人気がない。「雨乞い歌」のようにあまりに単調なものは〝眠気〟を誘うが、人間の脳はある程度のくり返しの上の変化を愛するようにできているのかもしれない。

遺伝子の本体がＤＮＡであり、これが「ＡＧＣＴ」の４種類の「ヌクレオチド」で記されることがわかった一九五〇年代以降、さまざまな生物のもつ遺伝子配列解析がスタートした。

現代のような遺伝子解析技術が発達する前に、大野はタンパク質の電気泳動や組織染色などの古典的手法を用いて、生物が進化する過程で特定の遺伝子を重複させてきたこと、重複した遺伝子が変異して新たな機能が加わったときに新たな形質が出現するという「遺伝子重複による進化」説を提唱し、一九七〇年にはドイツの名門「シュプリンガー社」より発行した。

遺伝子重複は新たな発明の母

「進化」というとダーウィンが有名だが、生物が代を重ねるたびに変化してゆくことはすでにアリストテレス（前三八四〜前三二二）の時代から知られていた。

重要なのは、一八三〇年代にチャールズ・ダーウィン（一八〇九〜一八八二）がマルサス*の「人口論」やスペンサー*の「社会静学」の影響を受け、「進化の原動力としての自然選択の重要性」を思いついたことである。

この事実は、東南アジアで昆虫採集請負をしていたウォーレス*が独立して同時期に発見しており、手紙をもらったダーウィンは共著での発表を提案した。一介の昆虫採集業者にくらべてダーウィンの名ははるかに有名であり、このアイディアは一般には「ダーウィニズム」と呼ばれている。

しかし、大野は同書の中で語る。

「自然選択は無慈悲な検事であり、遺伝子重複は新たな発明の母である」

「農業生産の余剰から文明が生じたように、重複した遺伝子から新たな機能がうまれる」

細菌やウイルスなどの病原体を不活化するイムノグロブリンや免疫応答を調節

するサイトカインとこれに特異的に結合するサイトカイン受容体など、生体防御にかかわる一連のタンパク質はよく似た構造をとっており、これをコードする遺伝子配列が同じ染色体に続けて乗っている。これらの遺伝子配列を見ているとどこかで見たような「デジャビュー現象」（既視体験）に襲われる。

大野はいう。

「脊椎動物は無脊椎動物から二回全遺伝子の重複を行ない、四倍体になった。そのために無脊椎動物では一セットしかなかったホメオボックス遺伝子（動物の前後軸や器官形成を決める遺伝子）を脊椎動物は四セットもつことになる」

一つの遺伝子は一つのタンパク質をコードする。このタンパクが生体の機能に重要であればあるほど、機能を損なうような変異が生じると致命的になる。

しかし大野は続ける。

「重複した遺伝子があれば、もとの遺伝子の機能を生かしながら新たな機能を獲得することが可能となる」

もちろん、重複した遺伝子が新たな機能を獲得する可能性はきわめて低く、大部分は無意味な突然変異を重ねて機能を失ってゆく。大野はこれを「ジャンクDNA」と命名した。現在ではヒトのゲノムで意味のある配列は全体の数パーセントにすぎず、大部分は「ジャンクDNA」であることが判明した。もっとも、その起源は必ずしも重複DNAだけではなく、太古の昔に組み込まれたレトロウイルス由来のものらしい。

＊マルサス　一七九八年『人口論』を発表。食料は算術級数的にしか増加しないのに、人口は幾何級数的に増加するため、過剰人口による社会的貧困と悪徳が必然的に発生すると主張、社会に衝撃を与えた。一七六六～一八四三。
＊スペンサー　科学と宗教との調和をはかりつつ、ダーウィンの進化論思想を科学の諸領域に著した。一八二〇～一九〇三。
＊ウォーレス　一八五四年よりマレー諸島で生物の分布を研究し、のちに「ウォーレス線」（自然境界線）を提唱。ダーウィンとは独立に自然淘汰説に基づく進化論に到達した。一八二三～一九一三。

新たな疑問

「常人は他人のアイデアを真似るが、天才は自分自身の模倣を繰り返す」大野の親友だったロシア出身の大作家ウラジミール・ナボコフ（一八九九〜一九七七）の言葉である。

自著やエッセイで大野がくり返し引用しているが、遺伝子も同様でまったくの「無」から新たな機能を有する遺伝子が創造されることはまずなく、既存の遺伝子に変異が加わって新たな機能を獲得する。

木村資生*（きむらもとお）が指摘したように、大部分の変異は生物にとって有利にも不利にも働かない中立変異であり、個体の生存や子孫の増え方（これを「繁殖成功度」という）に何の影響もない。しかし、時間とともに遺伝子が変異してゆくことで、やがて機能が失われてゆく。

「重複した遺伝子がいかに新たな機能を獲得できるのか」

――この疑問は三〇年前、ポスドクだった早川（筆者）が大野と何度も話し合ったが、どうしても納得できなかった。とくに、「免疫系」や「視覚系」「真胎生」など、新たな機能が進化するには、各々を構成する分子だけでなく、これらを統合的に制御するシステムがなければならない。さらに、重複する元の遺伝子はどこに由来するのか。

大野はこの究極の疑問の答えとして、全ゲノム重複により調節遺伝子もまた、重複すること、カンブリア紀にさかのぼる数十塩基対の大元祖遺伝子配列があって、その重複により新たな遺伝子が生み出されていった可能性を示唆した。

「真の創造はカンブリア紀に一回だけ生じて、あとはその繰り返しと模倣にすぎない」

と大野はいう。

生命の歴史自体が壮大な「主題と変奏」なのかもしれない。

＊木村資生　遺伝学者。集団遺伝学の研究から、一九六八年、分子進化における中立説を提唱。突然変異の多くは、自然淘汰にほとんど関係ないことを示す。一九二四〜一九九四。

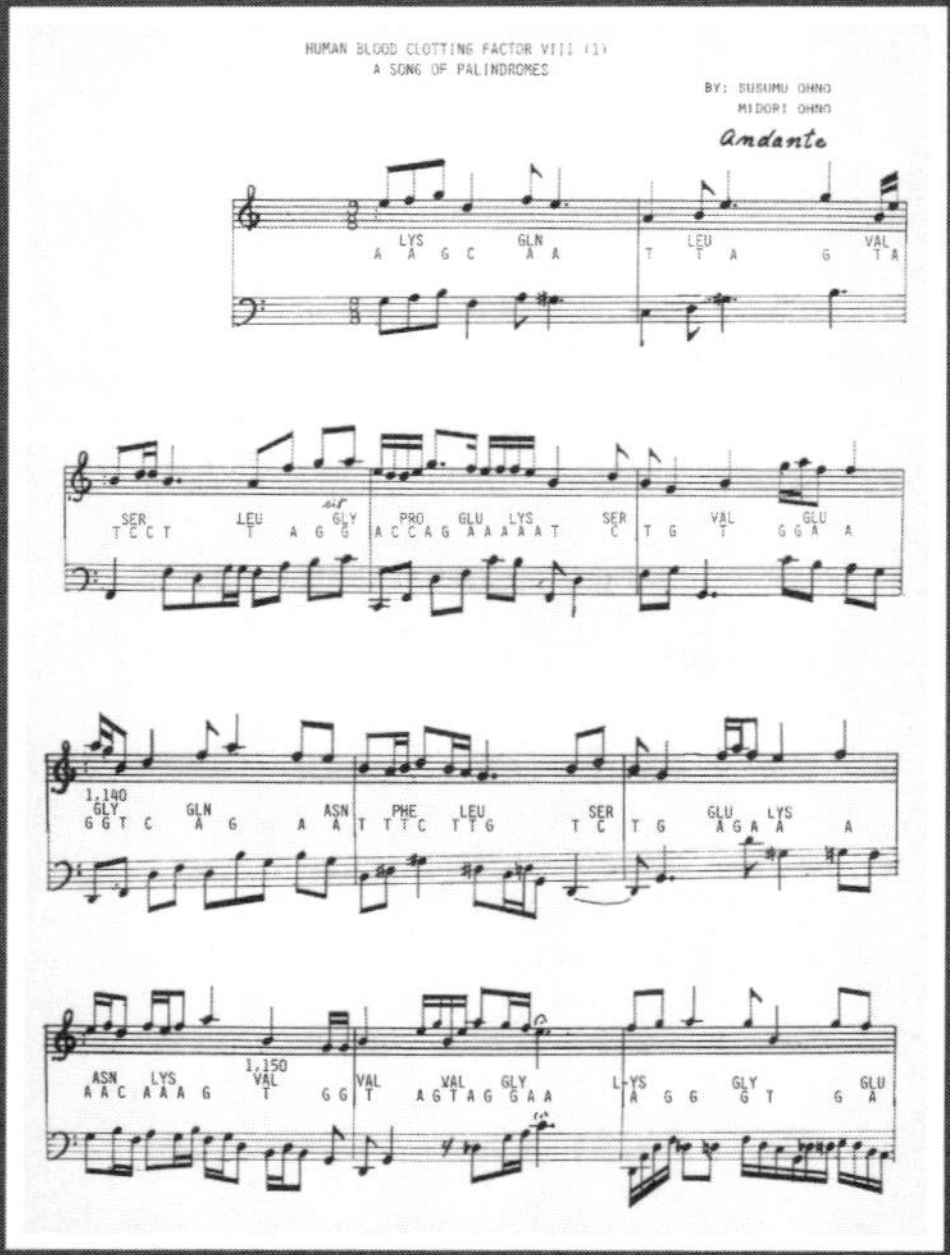

大野博士作曲の一例：〈血液凝固因子VIIIの遺伝子からの曲想〉
Courtesy of City of Hope Archives

進化論

「進化」は複数の世代をかけて、非常に長いタイムスパンで進行してゆくので、試験管や実験室でこれを再現するのは難しい。したがって、化石や現存する生物種から過去を推定し、矛盾のない仮説を組み立ててゆくしかない。

生物が変化してゆくことや、子が親に似ること自体は古代から知られていたが、自然選択と性選択による進化のメカニズムは一九世紀になって、イギリスのチャールズ・ダーウィンが提唱した。ほぼ同時期にチェコ（当時はオーストリーハンガリー帝国）のグレゴリー・メンデル（一八二二〜一八八四）が遺伝形質が遺伝粒子（のちの遺伝子）によって受け継がれるという仮説を提唱した。

この二つを組み合わせて、さまざまな遺伝的変異を有する集団に対し、外的要因によって有利な形質のある、あるいはより多くの子孫を残す、あるいは単に運のよい個体が選択されてその遺伝子を増やすようになるというのが現在の生物学の考え方である。

ユダヤ・キリスト教による「天地創造」の影響の強かった西洋では、「進化論」に対する抵抗も強かった（現在でも右派キリスト教では否定している）が、日本では抵抗なく受け入れられた。

日本人による進化理論

日本人による進化理論も多く提唱されている。

「生物は変わるべくして変わる」といった禅問答のような今西錦司*（いまにしきんじ）の「すみわけ理論」が有名だが、進化生物学の世界で、欧米でも評価が確立しているのは木村資生（前出）の「遺伝子変化の中立説」と、大野乾の「遺伝子重複説」であろう。

「遺伝子重複」はもはや常識となり、教科書にも「遺伝子が重複すると片方の遺伝子に変異が入っても生物が生きていけるので新たな機能を獲得する」と説明してある。この場合、想定されるのは遺伝子が縦（たて）にいくつも並んでゆく直列重複だが、大野自身はそれ以上に全染色体の倍数化を重視していた。動植物は多くの場合、父親由来と母親由来二セットの遺伝子を持つ。これを「二倍体」という。

これに対して減数分裂で生じた精子や卵子は一セットのみの一倍体である。減数分裂と受精によって、一倍体と二倍体を繰り返してゆくのが有性生殖の基本であるが、まれには両親由来の染色体が分離せず、倍の染色体を有する子孫が発生する。多くの場合、胎児期に死亡する致死であるが、進化の上では数千万年から数億年に一度、このように大きな染色体サイズを持った個体が生き延びた。

大野はいう。

「直列重複に関する第三の、そしてたぶん非常に重要な欠点は、その遺伝子活性を制御する調節遺伝子を重複せずに、構造遺伝子だけを重複させる傾向があるということである。（中略）直列重複が一つの調節遺伝子座の支配下にとどまる限り、重複したものが異なった機能を獲得する望みはあまりない」

「四倍体になると、二倍体染色体組であったものが半数体セット（ゲノム）になる。したがって、すべての遺伝子座すなわち構造遺伝子ならびにその構造遺伝子の発現を支配する調節遺伝子のすべての重複が『一挙』におきるのである。倍数性による遺伝子重複の機構は直列重複で見られるどのような短所をも示さない。あらゆる遺伝子座の共奏した重複は、構造遺伝子と同時に自身の調節遺伝子の重複を伴っており、機能的に関連した遺伝子の遺伝子量の割合に関して問題が生じない」

たとえば、ヒトの染色体は四六本である。両親に由来する常染色体が一本づつ、そして性染色体が一本づつある。相同染色体にはさらに二本づつよく似た遺伝子が存在する。

つまり、われわれの細胞には、無脊椎動物には一セットしかない「遺伝子クラスター」が四セットづつ、遺伝子が存在することになる。大野は、ゲノム全体が一度に倍になることで、すべての遺伝子が倍になるシステムこそが重要と喝破している。

現在では、ゲノムDNAの解読が可能になり、無脊椎動物から脊椎動物にいたる過程で、ゲノムが二回重複し、四倍体となったことはほとんど常識であるが、半世紀前、大野は一九六〇年代の技術で、細胞あたりのDNAの密度を測定し、ホヤやナメクジウオなどの無脊椎動物から魚類、哺乳類に進化する過程で、各々二倍、四倍になっていることを明らかにした。

大野の偉大さは、ゲノム全体が一度に重複することで、遺伝子どうしの調節関係の多様化が可能になることを指摘した点にある。この先見の明は大野の没後に再発見され、全ゲノム重複が起こった後にできる「パラログ」(重複により生じた遺伝子群)の一セットをいつしか「オノログ」というようになった。

*今西錦司　生物学者・人類学者。京大卒。研究は昆虫類から霊長類までおよび、動物生態学から種社会の概念を確立、ダーウィンの進化論を批判した。野外調査に基づき、生態学の立場から「棲み分け理論」(二つ以上の近縁の種が時間的・空間的に生活の場を違えること。同一の資源を必要とする近縁種が競争を避けるという機能を持つ)を確立。これを発展させ霊長類の社会構造を解明し、「今西進化論」を提唱した。一九〇二〜一九九二。

争は個体の単位で行われ同じ種から異なった種が分化する。従って「種の保存」の本能というのは完全に誤った過去の概念であり、個体は同種内の異個体との間でいかにしてより多くの子孫をのこすかという競争を繰り広げる。感染に対する抵抗性と同時に、繁殖成功度の高い個体が選択を受けることになる。さて、人間と他の動物の最大の違いは遺伝子以外に言語による情報伝達手段を獲得したことである。数十億年の間他個体から情報を取得し，次世代に受け渡すには生殖しかなかったわけだが、言語により経験や発見を直接の子孫以外にも効率よく伝達が可能となった。文字や書物の発明により我々は時代を超えて過去の知識の蓄積を利用することができるが、さらにインターネットにより情報伝達の即時性と網羅性が格段に向上した。実際、個別のコンピューターがいかに処理速度を上げてもできることは限られているが、ネット環境に接続することで生み出されるアウトカムは比較にならないほど豊かなものになる。しかし、その過程で侵入しようとするコンピューターウイルスとの新たな戦いが始まる。これも有性生殖とその過程に付随する性感染症にアナロジーを求めることができる。生殖という遺伝子系列の維持に必須の現象と、生体防御という個体の同一性維持に基本的な特質は表裏一体なのである。（早川記）

性はなぜあるのか

30年前、大学院生の筆者（早川）が恩師故大野乾先生から与えられたテーマの一つが「性の起源と性決定の進化」であった。爾来このことをずっと考えてきた。個体の寿命は有限であるが世代を交代することでリセットができる。性の本質は複数個体の遺伝子を混ぜて子供をつくることであるが、性すなわち生殖ではない。細菌や酵母のように二分裂や出芽で繁殖するほうが、同一のゲノムを有するクローンを効率よく増やすことができる。実際、昆虫や爬虫類には無性生殖をおこなう種があるが、極めて例外的であり、現在の地球環境では有性生殖が主流である。しかし、有性生殖には減数分裂による配偶子形成と配偶相手の選択、受精という一連の過程が必要である。では、なぜ大きなコストを払ってまで生物は有性生殖をするのであろうか。現在、もっとも有力視されるのは性により多様な子孫を残すことが寄生者（感染性病原体）に対する抵抗性を獲得するという仮説である。何らかの感染症が集団内に広がった場合、同じ感受性を有する単一な個体集団ではすべてが死に絶える可能性がある。一方、多様な遺伝的背景を有する個体群では抵抗性のある個体群が生き延びるチャンスを生じる。

ダーウインが「種の起源」にすでに述べているが、生存競

一九七七年・インスリン開発競争

インスリンの発見

「検診で尿糖が出た」「血糖が高い」……。こういった話をよく耳にする。血糖が慢性的に高い状態を「糖尿病」という。よほど血糖値が高ければ喉の渇きや疲れなどの症状が出るが、通常は無症状である。脳の唯一の栄養はブドウ糖であるし、多少血糖が高くて何の問題があると考えられがちだが、慢性的な高血糖状態は全身の血管を傷害し、腎不全や視力障害、神経障害などに加えて、心筋梗塞や脳梗塞の原因ともなる。

食物がふんだんにあるとはいえない野生動物では、たまに手に入る食物から効率よくエネルギーを貯蔵し、食べ物のない空腹時にもある程度「血糖」を高めておいたほうが生存には有利なはずである。したがって、血糖を上げるホルモンはたくさんあるのだが、これを下げるのは唯一「インスリン」(Insulin) のみである。

インスリンは一九二一年にフレデリック・バンティング(一八九一〜一九四一)とチャールズ・ベスト(一八九九〜一九七八)によって発見された。膵臓を全摘した犬マージョリーに、膵からの抽出物を注射すると血糖値が二時間で五〇パーセント下がり、その後九〇日間生かすことができた。それまで、糖尿病、とくにインスリン分泌が途絶えるI型糖尿病には治療手段がなかったことから、これは画期的な発見だった。

翌一九二二年には、ウシの膵臓由来のインスリンが製品化された。しかし、抽出にはきわめて大量のウシ膵臓が必要であり、高価なうえに異種動物由来のインスリンは「抗体」が生じるという欠点があった。

ヒトインスリン遺伝子は、長さが約一四〇〇塩基対、成熟メッセンジャーRNA（mRNA）にして四〇〇塩基対足らずの比較的小さな遺伝子である。初期の遺伝子工学の定石どおり、膵臓より抽出したメッセンジャーRNAよりこれに対応するDNA（cDNA）の配列決定が試みられたが、インスリンをつくるβ細胞含量が微量であり、また膵臓がRNA分解酵素に富むことから抽出は困難をきわめた。

カリフォルニア大学サンフランシスコ校（UCSF）のウールリッヒ、ラッター、グッドマンらは、膵臓をコラゲナーゼで分解し、濃縮した膵島からラットでインスリン遺伝子のクローニングに成功した。やや遅れて、ハーバード大学のギルバート（塩基配列決定のマキサム－ギルバート法で有名）がラットインスリン産生腫瘍からcDNAクローニングに成功した（◆12）。

そして、カリフォルニア大学サンフランシスコ校のグループはさらにヒトインスリン産生腫瘍からまずcDNAクローンを単離し、ヒトゲノムライブラリーよりヒトインスリン遺伝子をクローニングしたのだった。この時点でインスリン開発競争はカリフォルニア大学サンフランシスコ校が世界を数歩リードしていたといえるだろう。

（◆12）クローニング　クローン（同じ遺伝子型をもつ生物の集団）を作ること。とくに、特定の遺伝子を持つＤＮＡ断片のクローンを作ること。

ヒトインスリンの作製に成功

時を同じくしてカリフォルニア大学サンフランシスコ校の別のグループのボイヤーは、サンフランシスコの投資会社を経営するスワンソンに誘われて、遺伝子組み換え技術の臨床応用を目指したベンチャー企業「ジェネンテック社」を一九七六年に創設した。

ボイヤーらは、その当時規制が厳格であったヒト遺伝子そのものの使用を避けて、化学合成したDNAをみずからが開発したプラスミドpBR322に組み入れて大腸菌の中で発現させることに挑戦した。そしてDNAの化学合成において、評価の確立していたシティ・オブ・ホープ研究所のアーサー・リッグスと板倉啓壹に協力を求めたのだった。

彼らは、六三個のヌクレオチドからなるA鎖DNAと九〇個のヌクレオチドからなるB鎖DNAをプラスミドに組み入れて大腸菌で別々に合成させ、完全なヒトインスリンを作製することに初めて成功した。この結果は一九七八年九月六日にシティ・オブ・ホープ研究所での記者会見において発表され、遺伝子工学の初の実用化として世界中に報道された。

世界初のインスリン製剤「アイレチン」を発売したイーライリリー社は、ヒトインスリン作製の成功が明らかとなった翌日にジェネンテック社と契約し、プラ

シティ・オブ・ホープで世界で初めて大腸菌でヒトのインスリンを作ることに成功したことを説明するチーム・インスリン：左から板倉啓壹、アーサー・リッグス、デービット・ゴッデル（1976年創業、初のバイオテック企業のジェネンテック社に雇用された最初のサイエンティスト。3人目の社員）とロベルト・クレア。（1978年）Courtesy of City of Hope Archives

アーサー・リッグス（Arthur Riggs 1939〜）：1966年カリフォルニア工科大学で博士号取得。ソーク研究所でラックリプレッサーと遺伝子発現の先進的研究成果を上げ、1969年にシティ・オブ・ホープ研究所に准教授として着任。1978年、DNA合成の達人・板倉啓壹と共にジェネンテック社の協力のもと、ヒトインスリンを大腸菌で生産することに一番乗りした。リッグスはさらにヒト化抗体作製に成功し、抗体医薬開発に必要な遺伝子工学・抗体工学の基礎特許をもつ。1981〜2000年生物学部門長、2000〜2007年シティ・オブ・ホープ・ベックマン研究所所長。2006年アメリカ科学アカデミー会員。2014年からシティ・オブ・ホープ糖尿病・代謝研究所所長。（山口記）Courtesy of City of Hope Archives

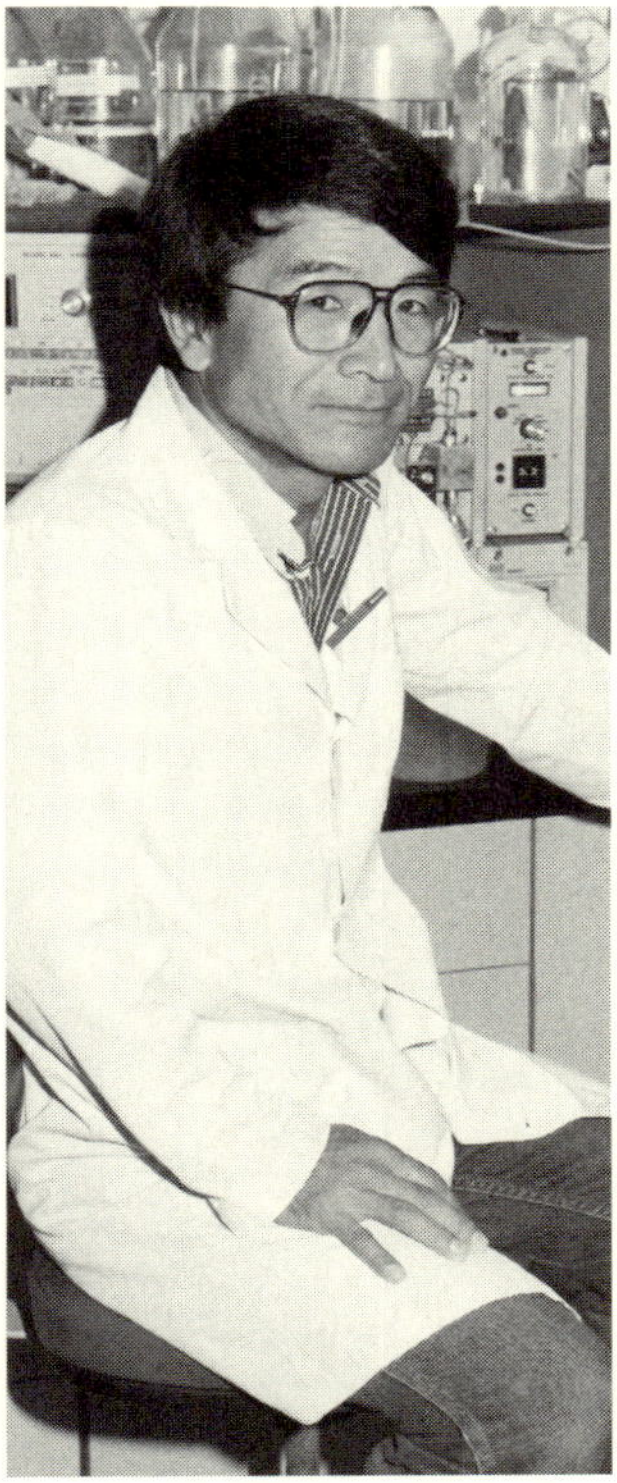

板倉啓壹（1942〜）：は、カナダでのポスドク中にDNA合成の技術改良を究め、カリフォルニア工科大学で1975年当時、ディカーソンをはじめ気鋭の分子生物学者との共同研究を進めていた。先に大野に要望されてカリフォルニア工科大学からシティ・オブ・ホープに移ったリッグス（ラックリプレッサー研究の先達）もその一人で、板倉が合成したラックリプレッサー（つまり化学合成した人工DNA）が大腸菌で機能することを世界で初めて証明した。大野・リッグスからの招聘によりシティ・オブ・ホープ病院内にDNA合成ラボを構えた板倉は、リッグスとジェネンテック社との共同研究で、ソマトスタチン、インスリン、成長ホルモンと次々にヒトタンパク質の大腸菌内での生産に成功した。ヒトインスリンは1983年にリリー社から販売され糖尿病治療に多大な貢献をしている。シティ・オブ・ホープに、インスリンにはリリー社から、後続の成長ホルモンにはジェネンテック社からの膨大な額のロイヤリティーが毎年入り、シティ・オブ・ホープ研究所の1983年頃からの大規模研究所への発展の礎となった。（山口記）Courtesy of City of Hope Archives

スミドを用いて大腸菌の大量培養によるヒトインスリン製剤の生産を開始した。

大腸菌由来の不純物を除くことに細心の注意が払われたのちに、一九八〇年からの臨床治験を経て、一九八二年にＦＤＡ（アメリカ食品医薬品局）で認可され、一九八三年から「ヒューマリン」（Humulin）として発売されるにいたった。

その後、人に必須の生体物質をはるかに単純な微生物で大量に産生するというシティ・オブ・ホープ発の技術によって、成長ホルモン、インターフェロンなどの医薬品が続々と登場することになる。

すでに分子生物学の大物だったリッグスをして、短期間におけるインスリンの開発は「彼の協力なしには不可能だった」といわしめる板倉は木下・大野に続くシティ・オブ・ホープ研究所の日本人科学者第三世代の代表だろう。さらには、彼のあとにインスリン作用・シグナル解明に貢献した筆者の一人・山口陽子ら日本人科学者の系列がつながる。

「人間の体にある物質で害になるだけのものはない」

一方では、ものにならなかったものも少なくない。「TNF-α」がそれである。「腫瘍壊死因子」（Tumour necrosis factor α〈TNF-α〉）は、一九七〇年代末から一九八〇年代前半にかけて、悪性腫瘍を特異的に壊死に陥らせる「夢の薬」として期待を集めた。

TNF-αを発見したロイド・オールドのラボや東京大学医科学研究所との遺伝子クローニング競争に競り勝ったのはまたもシティ・オブ・ホープ研究所のチャーリー・トッド率いる「旭化成」からの（伊東平隆・白井孝を中心とする）、延べ九人の日本人研究者たちだった（◆13）。

しかしその後、TNF-αは悪性腫瘍末期の全身衰弱を引き起こす「カケクチン」で、乾癬や関節リウマチ、クローン病で組織破壊をきたすことが判明、一転して「悪役」になってしまった。そのため、現在では抗TNF-αモノクローナル抗体や分子標的阻害薬が花盛りである。もっとも、これらの開発過程でリコンビナントTNFは必須なので、シティ・オブ・ホープ研究所の成功は縁の下の力持ちになったことは間違いない。

しかし、一方では抗TNF-α製剤の投与によって結核や肺炎のリスクが増加することから、生体防御に必須の物質であることも判明した。

「人間の体にある物質で、役に立つだけ、害になるだけのものはないんだよ」

——パイプを手にした大野の微苦笑が目に浮かぶ。

*チャーリー・トッド　一九七二年、シティ・オブ・ホープ研究所の免疫学部門長として着任。一九一八～一九八七。

(◆13) 一九八〇年代前半は、バイオ技術の発展と相まってさまざまな企業の研究者が板倉啓壹の分子遺伝部門に参集したが、なかでも旭化成が最も組織的にプロジェクトを組み、それを成功させた好例であった。

一九七六年・バーゼル

ウロボロス

古代から伝わる紋章のひとつに「ウロボロス」という図柄がある。己の尾をくわえる蛇の姿で、「不老不死」あるいは「破壊と再生」の象徴ともいえる。いままでに出会ったこともない抗原に対処できる獲得免疫の本質と自己免疫の悲劇を「プロメテウスの先見の明がパンドラの箱を開けた」と喝破した大野乾にとって、免疫系における認識システムの進化は生涯の課題のひとつだった。

その解明に大きく道を開いたのが、一九七六年のバーゼル免疫研究所へのサバティカルだった。シティ・オブ・ホープ研究所の分子遺伝学部門には、リッグスや板倉ら多くの俊秀が集い、大野自身はインスリン開発競争とはなれて生命現象の本質を極めるという本来の興味に戻りつつあった。

スイス北西部ドイツ、フランスと国境を接する「バーゼル」はローマ時代に起源をもつ歴史的な都市であり、神聖ローマ帝国時代からナポレオン戦争を経て、近代までドイツ語圏スイスの経済文化的中心のひとつだった。

バーゼルにはスイス最古の大学が置かれるとともに、世界で最先端の免疫研究所があった。この研究所はスイスの製薬会社大手「ホフマン・ラ・ロシュ」がつくった基礎研究所で、わが国最初のノーベル医学賞受賞者利根川進が抗体分子多様性の遺伝的機構を解明した場でもある。

時期的に利根川とは重ならないが、大野がこの場所を選んだ理由は彼が「数少ない天才」と評価した友人*ニールス・イェルネが所長を務めていたという点にある。イェルネの下には、日本を代表する免疫学者の一人である*多田富雄が留学していた。

＊ニールス・カイ・イェルネ（Niels Kaj Jerne）一九一一年、ロンドンでデンマーク人の両親から出生。幼少期から青年期をオランダで過ごし、ライデン大学にて二年間物理学を勉強した後退学、商社勤務を経てコペンハーゲン医科大学に入学。卒業後はデンマーク国立血清研究所でジフテリアの抗毒素の研究をすすめるとともに、理論免疫学に没頭した。特定の抗体分子の可変部位が抗原決定基となって他の抗体に認識されるというネットワーク説を提唱して、世界的な評価を得た。ＷＨＯ勤務、ピッツバーグ大学教授を経て一九六九年から一九八〇年までバーゼル免疫学研究所長を務める。この時期、バーゼルは世界的な免疫学のメッカとなり、多田富雄・利根川進らが留学した。大野乾もサバティカルの一年間を同研究所で過ごした。一九八四年免疫制御機構に関する理論の確立で、モノクローナル抗体の作製法を確立したジョルジュ・Ｊ・Ｆ・ケーラー、セーサル・ミルスタインとともにノーベル生理学・医学賞を受賞。大野乾とは一生を通した親友だった。一九一一〜一九九四。

＊多田富雄　千葉大医学部卒業後、アメリカ・デンバー小児ぜんそく研究員などを経て、一九七四年千葉大医学部教授、一九七七年から東大医学部教授を歴任。一九七二年に免疫反応を抑制するＴリンパ球を発見。この発見は複雑な免疫調節機構の解明につながった。能への造詣が深く、脳死を題材にした新作能も手がけた。一九三四〜二〇一〇。

イェルネの仮説

イェルネ最大の業績は、「ひとりの人間の中に存在する抗体分子は、ばらばらに存在するのではなく、お互いに反応しあいながら、ひとつのネットワークを形成している」という仮説である。

抗体分子の抗原結合部位は同一クローンごとに異なっており、これを他の抗体が認識し、さらにこれを別の抗体が認識するという「ウロボロス」のような構造が特異免疫系の本質であるという。過去に感染したことがなく、将来侵入するかもしれないウイルスなどの抗原に備えて、個体の中にはあらかじめこれに対処できるシステムが存在する。この「ネットワーク説」については、これを肯定する知見も否定する知見もあって、現在もなお結論は出ていない。

しかし、この壮大な仮説は人の身体（ミクロコスモス）は外界（マクロコスモス）に対応するという西洋古典哲学の観念を現代免疫学の言葉で言い換えたものであり、古典哲学をこよなく愛した大野の心の琴線に触れるものがあった。

イェルネは派手な女性関係や、狷介ともいえる性格で必ずしもすべての友人や弟子から慕われたとはいえない科学者だったが、一九八四年、ノーベル賞受賞後に隠棲したフランスの古館で一九九四年に亡くなるまで大野との親交は続いた。

大野がバーゼルから帰ったあともイェルネのもとで研究を続けた日本人の一人

が、やがてカリフォルニアに居を移し、シティ・オブ・ホープに合流する。大野との共著で脊椎動物の特異免疫系の分子進化を論じた「Takeshi Matsunaga」（松永丈志）である。

その後、松永は夫人の故郷であるスウェーデンに居を移し、世界の中で北極圏に最も近い総合大学・ウメオ大学医学部免疫学教室の助教授に就任するが、大腸がんのため惜しくも早世した。文学的素養にとむ大野流紳士道のもっとも正統的な後継者だっただけにその死が惜しまれる。

筆者（早川）はその系統発生の解析に従事した。現在のようなシークエンサーもPCR機すらない時代で、レントゲンフィルム上のアミダ籤のような電気泳動パターンを日々読み続けニジマスから蛇、鳥類まで保存された配列を追いかけた。

しかしである、1990年、他の施設からY染色体上の別の遺伝子Sryこそが性決定遺伝子であるという説が提唱された。続けて、遺伝的に雌になるべきXX染色体マウスにY染色体由来のSry遺伝子を導入することで、精巣を持ち全身の臓器や行動もオスと見分けがつかないマウスができたことで、HY抗原説は否定された。大野研では1970年から80年代にかけて、性決定遺伝子の追及にかなりの労力を割いてきただけに、大野自身「あれは僕の大失敗」と後年言っているが、HY抗原の抗原性が非常に低く、能率的な遺伝子導入が不可能だった当時の実験技術では致し方ない。当時この仕事にかかわった我々にとっては、失った時間と労力以上にサイエンスの厳しさを身に付けたことが大きな収穫だったと思う。（早川記）

性決定遺伝子とHY抗原の顚末

減数分裂による配偶子形成過程で両親に由来する染色体が対合することが生物の多様性の基礎であり遺伝子修復（二本鎖切断の唯一の修復）に寄与する。有性生殖は無性生殖に比較してコストがかかるが、次々に変異してゆく病原体に対処するために個体の多様性を高めるために進化した。遺伝子を混ぜる相手の個体が遺伝的に同一であっては有性生殖をする意味がないので、複数の個体からに由来する大きな配偶子「卵」と小さくてよく動く配偶子「精子」が生じた。これには同じ発生上の原器に由来しながら、卵を作る卵巣と精子を作る精巣の分化を支配する一次的性決定遺伝子が存在するはずである。ちなみに脊椎動物の基本形は女性型であり、男性型の分化を誘導する男性ホルモンのレセプター遺伝子が第二次性決定遺伝子である。（これが欠損すると、Y染色体陽性ながらすらりとした美女になる）この二段階の性決定機構を、大野乾はMajor sex determinant genes （Springer 1979）で提唱した。同じ遺伝的背景を持つマウスで、オスにはメスの皮膚移植片が生着するが、メスはこれを拒絶することから、大野は第一次性決定遺伝子はオス特異的なY染色体上の組織適合抗原HY抗原であるという仮説を提唱した。HY抗原をコードする遺伝子は進化の上で保存され、ポスドク時代の

一九八〇年・東京

特別講義

「哺乳類ではオスとメスは双方の遺伝的差異をできるだけ小さくして、妊娠という大役を担うメスをだいじにし、オスにそのぶん、種内の競争をしてもらう。これが性選択のロジックです。性の二分化のためには、ただ一つの遺伝子産物HY抗原があれば十分ですが、これが可溶化してβ2ミクログロブリンに結合するのでしょう」（コラム「性決定遺伝子とHY抗原の顛末」参照）

一九八〇年一一月一七日、大野の特別講義があったときのことである。その日、志方俊夫教授の招へいで日大医学部を訪れた大野乾は、三年生の「特別講義」でゆったりと語った。

大感激した早川（筆者）はさっそく手紙を書いた。

「弟子にしていただけませんか？」――。

「結構です。どうぞ来てください。ただ、三つ条件があります。一つ、まずちゃんと医学部を卒業すること。二つ、アメリカ医師免許を取ること。三つ、次から手紙は英語で書くこと」

卒業と研修に励みが出た。

数年後、山口研のとなりのブルース・ワレス博士の部屋に早川がやってきた。臨床研修が終わったばかりで、ピペットの握り方も反応液の作り方もわからないことばかり――。辛抱強く教えてくれたのがワレスと森望博士（カリフォルニア工科大学、南カリフォルニア大学での研究後、長寿研を経て現在長崎大学教授）とスウェーデンのウメオ大学に移る直前の松永丈志博士（前出）であった。

「スウェーデン、一度行ってみたいのですが」――。

能天気な早川に松永はいった。

松永丈志博士（右）と著者（早川）

ブルース・ワレス博士（右）と著者（早川）

「遊びに来るんじゃダメだよ。何かいい仕事をして講演に来なきゃ」

この約束は一〇年後にストックホルムで国際免疫学会があったときに果たせたと思う。

松永は大腸がんの手術後で必ずしも万全の体調ではなかったが、トナカイの冷製とアクアビットでもてなしてくれた。まさかこれが「今生の別れ」になるとは思いもよらなかった。

「シティ・オブ・ホープ研究所」から「シティ・オブ・ホープ・ベックマン研究所」へ

同じ年、もう一人の著者・山口陽子は、研究者として初めて独立しラボを持つことができた。そのころのシティ・オブ・ホープ研究所は、医者と基礎研究者を含めた博士が一〇〇人ぐらいいるだけの、小規模な研究所であった。研究室も平屋のスパニッシュ風の建物が廊下でつながり、風情はあったが必ずしも機能的と

エリザベス女王のシティ・オブ・ホープ訪問
（1983年2月28日）
Courtesy of City of Hope Archives

はいえなかった。

一九八三年に「ベックマン財団」が寄付し、シティ・オブ・ホープ研究所は「シティ・オブ・ホープ・ベックマン研究所」と名称変更し、規模が年々拡大されるようになった。

さらに一九九〇年代、二〇〇〇年代に新たな分野の導入、また大学院の創設、病院の増設、研究所の拡大が進み、今では三〇〇人ほどの博士と大学院生約七〇人、技術員多数の、大規模な研究所になった。

一方で、一九八〇年代には日本人ポスドク・研究者は常に二十数人はいたが、一九九〇年代になると次第に少なくなり、二〇〇〇年以降は一〇数人になった印象がある（◆14）。これは、「バブル崩壊」以降、日本人全体が海外に派遣されなくなった傾向に加えて、二〇〇四年の国立大学独立行政法人化と新臨床研修制度が重なるためではないかと思われる。

一九八〇年、板倉から研究室を与えられた山口は、ＮＩＨグラント（◆15）を中心に研究費を稼ぎ、ポスドク、技術員を雇い、研究成果をあげるため、めまぐるしい忙しさに明け暮れていた。アメリカでＰＩ（◆16）として二〇年間研究室を主宰出来たのは、当時誰もがなしえなかった活性型精製インスリン受容体を取ることができ、同時にチロシンキナーゼの発見者の春日雅人*との共同研究が進行したことが契機となったと言っても過言でない。日本人もいろいろな形で延べ一〇人前後が研究に参加し、インド人・中国人がアメリカ人に次いで多かった。とくに人種差別のないカリフォルニアでは国際色豊かになる。その他、チリ人、イタリア人、インドネシア人、韓国人などがいた。

*春日雅人　山口の共同研究者。一九七三年東大医学部医学科を卒業。東京大学医学部附属病院の第三内科に入局。一九七九〜一九八二年の米国留学中（ＮＩＨとハーバード大学）にインスリン受容体にチロシンキナーゼが内在することを発見。ちょうど同じころ、シティ・オブ・ホープで山口がインスリン受容体を精製したため、その精製インスリン受容体を使い、初期のチロシンキナーゼ解析に大貢献した。山口のその後のアメリカでのキャリアにはこの共同研究の成果が大いに役立った。その後もインスリン作用機序の解明とその異常について研究。神戸大学医学部第二内科教授、病院長を経て二〇一二年より国立国際医療研究センター理事長・総長。一九九六年ベルツ賞、二〇〇七年紫綬褒章など多数の受賞歴がある。一九四八〜。

（◆14）シティ・オブ・ホープの現状は、ポスドク、研究補助者、院生など、どこを見ても中国人ばかりである。そのなかで二〇〇一年に膵島移植のチームを率いてカリフォルニア大学ロサンゼルス校（UCLA）から移って来たヨーコ・マレン（Yoko Mullen）のところには日本人医師が頻繁に研究と修行にやってくるので、異色かもしれない。

◆15）NIH（National Institutes of Health）は、所内での先端的研究・治験・治療に対しての予算と並行して、外部の研究者に予算を配布する大事な機能を持っている。PIとして独立するには「NIHグラントを一つ以上持っていなければならない」というのが原則である。なぜなら、その他中小の財団からの研究費にくらべ、NIHグラントが額の上で最高であり、所属の機関には高額の間接経費が入り（場合によれば一〇〇％、すなわち直接経費と同額）運営費が賄えるからである。しかしNIHグラント獲得は狭き門となっており（上位一〇％くらい）、若手が独立するのも、PIが継続するのも大変に難しい状況になっている。

◆16）PI＝「ピーアイ」（Principal Investigator）とは、独立して研究費を取り研究室を主宰する研究者のことで、日本では大学の教授（現在では准教授がラボを運営することもあるが）と、研究所での独立した主任研究員がそれに当たる。アメリカでは、ポスドク後にグラントを取り、テニアトラックの助教授（Assistant Professor）となり、ＰＩとして独立する。継続してグラントを取り続けないと職を失うことになる。一方、大きなグループで研究教授職（Research Professor-track）をしている研究者はＰＩではない。

ジャパン・アズ・ナンバーワン

このころ日本人の間では、ハーバード大学の社会学者エズラ・ヴォーゲルによる一九七九年の著書『ジャパン・アズ・ナンバーワン』が話題になっていた。現在でもこの本を覚えているのは四〇代後半以上、日本発のハイテクとバブル好景気時代の経験者に限られるかもしれない。

世界中のいずこでも、一定のあいだ国家が最盛を謳歌する時期がある。悲しいかな、そのさなかにある人々は繁栄が永久に続くように誤解するが、その時期はそれほど長くはない。

第二次大戦の惨禍を脱したのみならず、世界中どこも経験したことのない「高度経済成長」を遂げた一九七〇〜一九八〇年代の日本がこれにあたるだろう。

ヴォーゲルは日本の安定成長の要因を、日本人の学習への意欲と読書習慣、そして数学力としている（英語力の遅れは指摘しつつも決定的な弱点ではないとしている）。そして、優秀な通商産業省と大蔵省官僚の経済指導が日本の技術革新による競争力を高め、日本企業における従業員の終身雇用、年功序列賃金、労使協調による賃金格差の縮小、そして長期的な利益の重視が国際的競争力を高めたとしている。

この時期、モノづくりの象徴ともいうべきトヨタ・日産・本田の自動車、ニコン・キャノンの一眼レフカメラ、ソニーのウォークマン、パナソニックのＶＨＳビデオ、任天堂のファミリーコンピュータなど、「メイド・イン・ジャパン」の製品が欧米に大量に輸出され、世界の工場としての日本の立場はゆるぎないものとなった。

しかし、貿易摩擦の焦点ともなった円安・ドル高に加え、戦後のベビーブームで生まれた人々がちょうど生産年齢人口に達したという状況や、東西冷戦の最中、自由主義諸国のアジアにおける拠点としての必要性がその背景にある。

何を学ぶべきで、何を学ぶべきでないか

この時期、お家芸たる半導体などのハイテク分野で日本に市場を奪われたアメリカは、単なる技術競争でなく、インターネットなど、情報技術の画期的な革新で再び逆転をはかる。その一つが「バイオ革命」だった。

「分子遺伝学」と「ゲノミクス」の研究は、一九八〇年代から一九九〇年代、有用遺伝子産物のクローニングと試験管内での産生に加え、さらに、ヒトゲノム解読の過程で多くの遺伝子の機能が同定され、遺伝子治療の試みがなされるよう

になった。

「経験知」の集積だった臨床医学でも、多施設共同研究によるＲＣＴ（ランダム化試験）が標準化され、これを経ないと有用な薬剤の承認はむずかしい。大学のみならず市中病院、さらにベンチャー企業による基礎と臨床を結びつけたトランスレーショナル研究が進むなか、「象牙の塔」にこもる医学者と市販後調査で売り上げを増やすために都合のよいデータをもらう代わりに製薬会社が研究費を貢ぐ、旧態依然たる日本の医学界との間に大きな差を生じた。エズラ・ヴォーゲルは、冒頭の著書（『ジャパン・アズ・ナンバーワン』）で、単に日本人の特性を美化するにとどまらず、何を学ぶべきで、何を学ぶべきでないかを明瞭に示唆している。

太平洋戦争初期、世界最強を誇ったアメリカ海軍を破った連合艦隊機動部隊と零式艦上戦闘機（ゼロ戦）を短期間のうちに徹底的に研究し、対策を立てたアメリカ流のオペレーションズリサーチは戦後もっとも親しい同盟国であった日本との平和的競争でも有効だったのである。

バブル期、医学の世界でももはやアメリカに学ぶ実験手法（あるいは臨床技術）はないと公言する教授も少なくなかった。それでもこの時期、シティ・オブ・ホープを含むアメリカの研究機関には多くの日本人研究者が留学していた。大部分は、古巣での医学部教授をめざす出世競争の中で「箔」をつけるのが目的だったが、なかにはアメリカのサイエンスの厳しさと楽しさに目覚め、そのまま欧米の研究職に就く者や日本に帰ってからもアメリカ流を門下に伝えようとする者もいた。

しかし、日本の大学や研究機関では企業同様に終身雇用と年功序列が支配しており、業績はなくとも経験はある「万年講師」や「万年助手」が大学のポストを占めていた。バブル崩壊後、遅まきながらアカデミアの世界でも「業績主義」が市民権を得てきたが、いまだに「教育実績」や「大学運営業績」「広報活動」などを同等に評価せよという声がある。

他人に先駆けてそれまで知られなかった事実や概念を明らかにし、論文として発表し、世間の役に立てる（できれば帰属組織に経済利益も与える）という「学問の王道」を歩む以外の科学者人生はないのである。

大野は語る。

「私の意見では、日本の基礎生物学の実力は、欧米諸国のそれと比較して比肩こそすれ、遜色ない。問題は、実力と比べて影響力がはなはだ乏しいというところにある。これは言語の問題であると思う。幕末、維新の有志は、西欧文化の急速な吸収の手段として、やむをえず外国語を習ったわけであるが、これからの日本人は、自己の成果の宣伝のために自ら進んで外国語を学ぶべきだと思う。

願わくば、次の世代の日本人生物学者の中から、世界に影響を与え得るような碩学の誕生を望む」――。

と、部屋の中から甘いパイプの薫りが漂ってきたことを思い出す。お気に入りの銘柄はアメリカ産の「キャプテン・ブラック」だった。施設内はおろか、公共の場では「全禁煙」の今日とはほど遠い。パイプ同様、シガーも大好物だったが、アメリカではキューバと断交が続いており、最高のハバナシガーを存分に楽しめるのが大野の欧州旅行の楽しみだった。

大野は、酒も好きだった。筆者も一度だけお相伴したが、親友だった多田富雄（ただとみお：免疫学者。1934～2010）、井川洋二（いかわようじ：分子腫瘍学。1935～2012）との席は、「三酒仙」ともにいかに飲んでも崩れることなく、酔うほどに「談論風発」し、ギリシアの哲人たちの「シュンポジオン」とはかくのごときであったかと思わせるものだった。筆者にとって神々にも比すべきこの三方、今ごろは天界で古代の哲人やデユオニソスを交えて盃を交わしているのではなかろうか。酒の銘柄は煙草ほどうるさくはなかったが、カベルネ・ソービニヨンからつくった重た目の赤や、少し年代を経たシェリーが好きだった。ボルドーやナパ・バレーの銘醸に加えて、ハンガリーの地酒バラック・パーリンカや、やや荒いエグリ・ビカヴェールも好まれたのは大草原への郷愁からだろうか。大野はなぜかお茶はあまり好まず、コーヒーを愛した。コーヒーには必ず砂糖を入れたが、決してかきまわさず、溶けてほのかに上がってくる糖分を楽しんだという。（早川記）

パイプとグラス

手元に大野乾愛用の一本のパイプがある。何の衒（てら）いもないビリヤード型だが、イギリスの老舗「ダンヒル」のストレートグレイン（柾目）で、マニアには名品であることがわかる。大野がかつて週刊誌「Aera」（アエラ：朝日新聞社発行）の表紙を飾り、インタビュー記事で手にしていた品である。のちに肺がんが彼の生命を奪ったことを思うと、なつかしい遺品であると同時に、師の仇で複雑な気分になる。

現在でこそ喫煙者は減っているが、大野の時代、喫煙は男女ともに一般的な嗜好品であり、ファッションのひとつでもあった。大野も渡米前から紙巻煙草は嗜（たしな）んでおり、大野夫人によると、給料日前は灰皿から長めの吸い残しを探して巻き直していたという。

City of Hope研究所に移り、Glendora に居を構えてからはパイプを手放さなくなった。これにはやはりパイプ愛用者だった木下良順の影響と、紙巻はせいぜい1本5分だが、パイプは一回詰めると30分から1時間は吸い続けることができるという大野流の合理主義があった。

執筆の興が乗ると、何本ものパイプを用意して次々に火をつけたという。留学中の筆者（早川）が大野の研究室を訪ねる

リタイアメントのパーティーで愛用のパイプを手にする大野乾。（1996年）Courtesy of City of Hope Archives

大野博士（左）と筆者（早川）

一九九九年・東京

がんに倒れる

「早川先生、大野の具合がちょっとおかしいので見てくださらない?」

外来を終えて、研究室に戻り機械を立ち上げた筆者（早川）に夫人の翠さんから電話があった。

三日前に日大で特別講義を終え、前日には皇居に参内した大野乾が朝から場所と日時がはっきりしなくなっているという。実験を切り上げて、愛用の聴診器を手に赤坂の全日空ホテルに駆けつけると、大野乾が疲れた様子でベッドに横になっていた。一応、話はできるし、手足に明らかな麻痺はないが、「赤坂」と「チューリッヒ」がごっちゃになっている。

前年大野はデンマークのマルガレーテ二世女王から第一回の「デンマーク王立科学文学アカデミー基礎科学賞」を親授され、忙しくヨーロッパとアメリカ、日本を飛び回っていたが、長引く咳からシティ・オブ・ホープ病院を受診、肺に腫瘍が見つかったのだった。

抗がん剤の効果がある「小細胞がん」だったので、さっそくシティ・オブ・ホープの腫瘍内科医ワレン・チョウ博士のもとで化学療法が開始され、原発病巣はレントゲンではっきりしないほどまで縮小していた。

前から決まっていた天皇への拝謁は病気のため延期された。宮内庁は、健康を回復してからでよいとしていたが、大野夫妻はぜひとも参内を希望し、まだ本調子ではないものの来日を決意した。この時点で大野にはこれが「最後の帰郷」という意識があったのかもしれない。

もとより筆者は「神経」は専門外だが、大野の全身状態を診て容易ならざる状態にあることはわかった。翠夫人には、脳への転移が疑われること、差し迫った

デンマークのマルガレーテ女王から、王立アカデミー第1回基礎科学賞を受け取る大野博士。（1998年）
Courtesy of City of Hope Archives

生命の危険はなくともいつ急変するかわからず、全身管理のできる病院に入院する必要があることを説明した。日大病院にも入院ができるように手配したが、大野夫妻はアメリカへの帰国を希望された。筆者はアテンド役の湧永製薬研究所(◆17)の人たちと成田空港で見送ることしかできなかった。

車椅子で機内に入る大野はそれでも律儀に帽子に手をかけて別れの挨拶をした。これが「今生の別れ」かと思うと目が霞んだ。

しかし、シティ・オブ・ホープの先端医療は大野に、もう一年の寿命と「白鳥の歌」というべき今上陛下との共著論文を世に出す機会を与えたのである。

(◆17) 大野と板倉は長年湧永製薬研究所の顧問を務め、毎年研究所を訪問していた。研究者を、一九七八年のヒトインスリンの大腸菌での生産に成功して以来、現在に至るまで板倉研に二～三年単位で派遣している。(山口記)

肉食獣や猛禽などの天敵に襲われる場合以外、白鳥は基本的に鳴かない。しかし、西洋では「白鳥は死を前にして美しい歌を歌う」という伝説がある。ハイネの詩をもとにしたフランツ・シューベルトの遺作集はまさに自身の死を念頭に置いた絶筆である。

遺伝学者として、不朽の名声を残した大野乾が化学療法によって「がん」と戦いつつ、最後の生命の炎を燃やしたのが今上陛下の論文指導であった。昭和天皇は生物学者として名高いが、今上天皇も生物学研究にかける情熱は決して昭和天皇に劣るものではない。次男である秋篠宮殿下の学位の研究を大野が指導したことから、陛下ご自身の研究も大野が見るようになったのだった。

残念ながら、論文の出版は大野の没後になってしまったが、五条堀孝（国立遺伝学研究所生命情報・ＤＤＢＪ研究センターセンター長・教授）博士の指導による陛下の論文の骨子は、「米国西海岸と日本沿岸のハゼの遺伝的背景を調べると米国東海岸（大西洋）のハゼに比べてはるかに近い」という結論だった。

皇居内に研究所をつくり、葉山や那須の御用邸で動植物採集を楽しむなど、生物学研究はわが国皇室の伝統である。科学者としての人生の大部分をアメリカで過ごし、アメリカ籍を取得しながら日米両国で多くの弟子を育て、太平洋の架け橋とならんとした木下良順・大野乾師弟の思いが込められているように思われる。

だった。昭和天皇も真面目な性格から、戦前は『大元帥』の職務を果たしたが、心から愛したのは生物学の研究であり、南方熊楠の進講を楽しみにした。天皇自ら葉山御用邸近くの海でヒドロ虫の新種を発見し、系統分類を新たにしている。しかし、論文報告や新種の登録は臣下の名前で行われ学者としての天皇は表面に出ることはなかった。今上天皇も若年から魚類の研究を行われたが、筆頭著者として20以上の論文を執筆している。遺伝学的背景を調べた論文の多くは大野乾が分担執筆しているが、その背景には天皇の次男である秋篠宮殿下が、東南アジアの野鶏から家禽となるまでの系統を研究した学位論文を大野が指導したことがある。秋篠宮殿下が総裁を務める山階鳥類研究所は天皇陛下の長女黒田清子さん（旧紀宮殿下）が今も研究を続けているが、旧皇族山階芳麿侯爵が私財を投じて設立したものである。この領域には旧皇族・華族出身の研究者も多く、『殿様生物学』の系譜は今も生きているのである。（早川記）

皇室と生物学

本書で取り上げた、インスリンやTNF-αのクローニングなど生物学の発見・発明は人類の幸福と組織の経済的利益に直結する。医学農学など応用科学の背景としての生物学の宿命であり、それ自体決して非難されるべきものではない。その一方では博物学の直系として福祉や私益を目的としない、人間の知的興味自体背景とする生物学の流れが存在する。

博物学とは、動物・植物・鉱物といった自然界の存在物に関する情報を収集・記録、さらにそれを整理・分類する学問である。古代アリストテレスやプリニウスに始まるが、特に18世紀後半から行われた世界各地への探検によって、未知の生物や珍奇な博物標本がもたらされた。ビュフォンや、リンネの著書は教養ある一般市民に広く流布し、18世紀から19世紀にかけて学問として隆盛を極めた。しかし植物園や動物園、自然博物館の運営には莫大な資力を要し、王族や貴族の援助が必要である。西洋では博物学は『帝王の学問』といわれるようになった。

さて、日本では壬申の乱の昔はともかく、平安時代以降、天皇や皇族は陣頭に立つことはなく、和歌や香道、音曲などの文化を極める伝統があった。明治維新以降は、皇族が軍人になることが半ば義務付けられたが、これはかなり異質なもの

- 宮地徹編集『大阪大学名誉教授　木下良順先生を偲んで』近畿印刷、一九七八年
- Steven J. Novak・インタビュー、大野翠・訳、須藤鎮世・山口陽子・森望・早川智監修『大野乾の世界』羊土社、二〇〇三年
- 大野翠インタビュー　二〇一一年九月
- ユージン・ロバート博士インタビュー　二〇一二年八月
- Ohno, S. (1967) Sex Chromosomes and Sex-Linked Genes (Springer-Verlag, Berlin)
- Ohno, S. (1970) Evolution by gene duplication. (Springer-Verlag, Berlin) ISBN 0-04-575015-7
- Ohno S. (1974) Animal Cytogenetics, Vol 4: Chordata, No. 1: Protochordata, Cyclostomata, and Pisces. (Gebrüder Borntraeger-Berlin).
- Ohno, S. (1979) Major Sex Determining Genes. (Springer-Verlag, Berlin)
- 大野乾著／山岸秀夫・梁 永弘訳『遺伝子重複による進化』岩波書店、一九七七年
- 大野乾『生命の誕生と進化』東京大学出版会、一九八八年
- 大野乾『大いなる仮説――ＤＮＡからのメッセージ』羊土社、一九九一年
- 大野乾『続 大いなる仮説―５・４億年前の進化のビッグバン』羊土社、一九九六年
- 大野乾『未完 先祖物語――遺伝子と人類誕生の謎』羊土社、二〇〇〇年
- Fujita-Yamaguchi, Y., Lin, R.J., Jove, R. (2011) "US-Japan conferance: Inflamation, diabetes, and cancer" held at the Bekman Research Institute of City of Hope, Duarte, CA, USA. Biosci Trends. 5: 277-280.
- Ohno, S. (1978) Obituary: Riojun Kinoshita. Cancer Res. 38: 870-871.
- Holmquest, G P. (2000) Obituary: Susumu Ohno left us January 13, 2000 at the age of 71.

Cytogenetics and Cell Genetics 88: 171-172.
- An article in LA times 10/6/2010 Ben Horowitz dies at 96; he helped City of Hope become world-renowned medical center
- Beckman Research Institute Milestones 1952-1983 http://www.cityofhope.org/research/beckman-research-institute/milestones
- 木下良順　発癌性化学物質の研究　日医会誌（一九三七）27: 665-727.
- Kinoshita, R. (1940) Studies on the carcinogenetic AZO and related compounds. Yale J. Biol. Med. 12: 287-3000, 1940〈イェール大学でのジェイン・コフィン・チャイルズ記念財団の招待講演記録、一九三九年九月二七日〉
- 原田三樹男、水田太郎、丸山八郎 (1937) 白鼠にButtergelbを経口的に投与して肝臓癌の実験的発生　阪医会誌（一九三七）36: 783-789.
- Sugano, H. (2006) Obituary: Tsuyoshi Kakefuda, 1929-2006: Bridging US-Japan cancer research. Cancer Sci. 97: 1283-1284.
- 文部省学術映画シリーズ18　ヒトの染色体-生命の秘密を探る　配信映画　NPO法人　Science Film Musium（一九六六）監修・指導　北海道大学教授　牧野佐二郎　理博、北海道大学理学部　牧野研究室
- Alfred Knudson and his two-hit hypothesis. Interviewed by Ezzie Hutchinson. http://www.thelancet.com/pdf/journals/lanonc/PIIS1470204501005241.pdf
- 岡田正　ヘテロクロマチンの分離およびその特性(真核生物ゲノムにおける不活性領域をめぐって　蛋白質・核酸・酵素　第25巻5号　（一九八一）、769-779（共立出版）
- Bruce A. Beutler-Biographical (2011) The Nobel Prize in Physiology or Medicine 2011
- Ohno, S, Kaplan, W.D., Kinosita, R. (1959) Formation of the sex chromatin by a single

X-chromosome in liver cells of Rattus norvegicus. Exp. Cell Res. 18: 415-419,
- Ikeda, K., Kaplan, W.D., (1970) Patterned neural activity of a mutant Drosophila melanogaster. Proc. Natl. Acad. Sci. U S A. 66: 765-72.
- Beutler, E. (1998) Susumu Ohno: The father of X-inactivation. Cytogenetics and Cell Genetics. 890: 16-17.
- 山口（藤田）陽子　City of Hope National Medical Center 生化学　53巻12号（一九八一年十二月）1302-4
- 山口陽子　ラボレポート：〝光陰矢の如し〟19年目のカリフォルニア　実験医学　14巻16号（一九九六年十月号）112(2294)-114(2296)
- 井川洋二編『ロマンチックな科学者』羊土社、一九九三年
- 早川智「師を語る　理論生物学の巨人　大野乾博士をしのんで」、『ミクロスコピア』18巻1号、二〇〇一年
- 大野翠『誕生日』澪標、二〇〇三年
- 大野翠『むかしのこと』文藝書房、二〇〇五年
- 大野翠『ことば、カリフォルニアから』関西書院、一九九七年
- 多田富雄『春楡の木陰で』集英社、二〇一四年

あとがきに代えて

研究者を取り巻く環境は、日米を問わず厳しくなっている。アメリカ型の研究費獲得の為の目を引く研究と先を急いだ論文発表が最近は能力主義と相乗されて、日本でも大きな問題になりつつある。長い目で価値のある研究をじっくり行うことは難しくなっている。

研究とはいかなるものか？　研究者とはいかなるものか？　筆者達は、木下と大野にその答えを見つけたと思う。本書は歴史上の必然性も視野に入れて、シティ・オブ・ホープ研究所で木下と大野を中心に実際に展開された格調の高い研究と研究協力の真実を、日本の読者に是非伝えたいとの思いで早川・山口の共著でまとめられた。

木下良順が、一九七七年九月七日に亡くなったという事実を、数年前に知った。私が、シティ・オブ・ホープ研究所にポスドクとして渡米したのは、同じ年の八月二九日であった。ちょうどその頃に木下が病に伏していて、八三歳で亡くなろうとしていたことは知る由もなかった。だが、たった一〇日ほどとはいえ、木下と同じカリフォルニアの空気を吸っていたことを知り、不思議な縁を感じるのである。

木下が「研究所長」としてシティ・オブ・ホープに来たことと、著名な学者であったことを何度も聞いていた。当時の写真（白黒）も見ていたのだが、二〇一一年八月に「炎症、糖尿病とがんの日米カンファランス」をシティ・オブ・ホープで開催し、研究部門立上げに貢献した日本人について、アーサー・リッグスと板倉啓壹に語ってもらうまでは、当時の経緯が文書として残っていないことも知らなかった。そこで、リッグスのアイデアで、カンファレンスレポートに木下についての記事を載せることにした。

私が木下について調べ始めたのは二〇一一年九月からである。その結果、木下・大野のシティ・オブ・ホープで結ばれた、崇高ともいえる師弟関係が明らかになり、日本での本書の刊行に結実したことは大変に喜ばしい。

本書に書いたように、木下は、第二次大戦中の日本でも研究者の育成に全力を注いだ。カリフォルニアでの偶然の出会いから、木下を助けるという気持ちでシティ・オブ・ホープに付いてきた大野との共同研究が、木下自身の究極の研究者育成となった。

本書のカバーの二人の表情がじつにすばらしい。大野が木下の弟子であり、大野に乞われてシティ・オブ・ホープに移り、大成功した板倉が木下の孫弟子となる。その板倉に育成された筆者・山口は木下の曾孫弟子といえるかもしれない。

板倉分子遺伝部長率いる新しいキャプラン・ブラック棟の山口研究室に引っ越したころ、一九八三年一月八日夜に「開所記念パーティー」が催された。めったに会うことのない山口に大野が話しかけている写真がある。

「何をやっている?」

「人の胎盤からインスリン受容体を精製しています」

「胎盤はダーティなティッシューだね」

「でも、ヒトのタンパク質を大量に取れる優れたリソースです」

……と応戦した山口だが、大野の真意はそのとき読み取れなかった。二年後からエイズが蔓延しだしたが、粉砕中の胎盤成分を空中にまき散らしていたかと思うと、ゾッとした。エイズを発症させるウィルス（HIV）以外にも危険要素が多々あったのである。

大野との貴重な会話の機会はこの二年後に、NIHから二つ目のグラントをもらい、私が進路で悩んでいたころに訪れた。同時に、もう一人のシティ・オブ・ホープの重鎮のレビン博士*からも、「シティ・オブ・ホープにとどまって良い研究をしなさい」と諭され、二人からの言葉を重く受け止めた筆者は「職探しをしない」と決心し、他へ移るのは日本に帰国する時と心に決めた。


*レビン博士（Rachmiel Levine, M.D.）（一九一〇〜一九九八）東ポーランドに生まれたが、六歳で母を亡くし、一六歳で反ユダヤ人暴動で父を失った。カナダに移住しマックギル大学で一九三六年に医学博士号取得。シカゴのマイケル・リース病院での研究から「レビン効果」といわれるインスリンが細胞膜でのグルコース取り込みを促進することを発見した。「近代糖尿病研究の父」

と呼ばれる。一九六〇年からのニューヨーク医科大学の医学部長、一九七一年にシティ・オブ・ホープ病院研究所長として着任。リッグス・板倉に、遺伝子工学的にヒトインスリンを生産するように導いたりしてシティ・オブ・ホープでの糖尿病研究に貢献した。

分子生物学者のリッグスは、おそらく、大野がその才能を見抜いてシティ・オブ・ホープに引っ張って来たと思うが、分子生物学の基礎研究で知られるだけでなく、大野とともに、当時ＤＮＡ合成技術の最先端を走っていた板倉をシティ・オブ・ホープに招き、一九七七年に世界に先駆けてヒトのタンパク質を大腸菌で生産することに成功した。その応用は翌年の、糖尿病患者に必要なインスリンを異種の豚や牛から調製するのではなく、ヒトのインスリンそのものを大量に生産できる画期的な「遺伝子工学」の誕生であった。

この結果、一九八三年からリリー社がヒトインスリンの販売を開始した。その当時から盛んになった抗体医薬の基本的な技術もリッグスらにより創出され、がん治療を中心に大きな発展を遂げ、全世界でマーケットが現在も拡大中である。

シティ・オブ・ホープは、リッグス・板倉のヒトインスリンと成長ホルモンの大腸菌での生産に目途をつけた遺伝子工学の、いわば「聖地」として、多数のポスドクや研究者が会する活況の時期を経て、エイズやがん治療の最先端をゆく病院・研究所として、一九八〇年代から急成長を遂げ、研究者の数で三倍くらい増えたであろう。ベンチからベットサイドへと、研究・治療が結びついた日本では達成し得ない体制が整備されてきた。

糖尿病研究・治療への投資が、遅ればせながら現在進行中である。この先は、がんと糖尿病の治療・予防を目標とした「シティ・オブ・ホープ病院・ベックマン研究所」となるであろう。

筆者・山口が吉田のポスドクとしてシティ・オブ・ホープに行ったころは、研究所はユダヤ人と日本人で成り立つともいえる状況だった。シアトルから一九七二年に大野の親友ボイトラー博士に招聘された吉田は、ラボミーティングをボイトラー研と一緒に行なっていた日本人・ユダヤ人による共同研究の典型的な例であった。本書文献欄に紹介した、大野・ボイトラー、大野・キャプラン・木下、池田・キャプランなどがその先例である。

七歳でナチス・ドイツを逃れてアメリカに移住し、二一歳でシカゴ大学医学博士を取得した俊才ボイトラーが、一九五九年にシティ・オブ・ホープの医学研究部門長に着任した。大野に出会い「バー小体」の共同研究で大きな発見を共有するとともに、生涯の友となったことは、奇跡的というか、大きな力が動いていたとしか言いようがない。

大野に続き、池田・吉田・板倉がラボを持ち、その後は山口・林とさらに日本人PIが加わり、一九九〇年代半ばまで、それぞれに研究成果を上げたので、日本人研究者はキャンパスで目立つ存在であった。

しかし、二〇〇〇年ころには、大野・吉田・林が退職または他界し、筆者が日本の大学に就任して一時帰国した。筆者が二〇一四年にシティ・オブ・ホープに復帰した時には、池田・板倉しかいなかった。八九歳までラボに出て実験し、インパクトのある論文を出し続けていた池田が、つい先日、二〇一六年五月四日に亡くなり、ついに板倉・山口（筆者）が残るのみとなった。若手日本人のPIを招聘しないことには、日本人PIは一〇年以内に皆無となりかねない。まさに、絶滅危惧種である。大変な危機感を持っている。

じつは、数人の若手日本人PIがいたのだが、シティ・オブ・ホープでキャリアを伸ばさず、他所に去って行ったという残念な実情がある。

なぜ、日本人PIが減る一方なのか――。理由は、日本人留学生が少なくなっていること、留学後にとどまってアメリカでキャリアを積もうという研究者が減少していることにある。

木下・大野が、日本人研究者の訪問やポスドクを歓迎し、シティ・オブ・ホープに積極的に紹介してきた伝統を「受け継がなくては」と強く思う。その流れを奇しくもつなぎ、筆者は、日本人研究者、ポスドク、大学院生、学部生、高校生をシティ・オブ・ホープに招聘・紹介する各種のプログラムを、日本に戻った二〇〇〇年から推進している。

一〇〇数年前に二つのテントで始まったシティ・オブ・ホープは、今では全米有数の病院・研究機関であるとともに、大学院もあり、研究者育成に力を入れている。ロサンゼルス空港から四〇分、雪をいただくサンガブリエル山脈を北に、サンタモニカ海岸に一時間という、スキーやサーフィンを手軽にできる好環境に位置する。二〇一六年三月には、「メトロ」がシティ・オブ・ホープまで伸び、電車社会のロサンゼルスにあって、電車でダウンタウンや観光地に行きやすい環境が整った。

日本人は、ポスドクからアメリカに来る研究者が大多数であるが、中国人や韓国人のように大学院から留学をすれば、競争力が付きＰＩとして独立できる可能性が高くなる。たくさんの高校生や大学生が、自由な先端的研究を目指して、日本人の先輩が築いたシティ・オブ・ホープに近い将来訪れ、将来のＰＩの芽となることを切に祈っている。

木下良順の生涯を調べるにあたり、「大阪大学名誉教授　木下良順先生を偲んで」（発行・編集：宮地徹、一九七八年一〇月一日発行）が大変に貴重な資料となった。宮地博士は八一名からなる同級生・後輩・研究室員・院生・同僚と家族三名の追悼文を木下逝去一年にして集め、編集された。大野精七・北大教授を交えた座談会と宮地博士ご自身の追悼文も感慨深いものがある。すでに関係者も多数が鬼籍に入られたため、これらの情報なくしては、本書をまとめることはできなかった。木下の高弟かつ直系、大阪大学医学部病理学の宮地徹教授に心から感謝申し上げます。

本書を書くにあたって、貴重なご意見と情報を提供してくださったリッグス博士、板倉博士、ロバーツ博士、大野翠氏、渋谷博士、竹内博士に、また写真の提供を頂いた森博士、ロストピーク・昭子氏、シティ・オブ・ホープ資料室のスーザン・イェイツ氏に深く感謝いたします。

「人間と歴史社」の佐々木久夫社長と井口明子氏には、多大なサポートをいただきました。ここに、謝意をお伝えします。

二〇一六年九月

山口陽子

木下良順の経歴	大野乾の経歴	シティ・オブ・ホープ（COH）の歴史
1893 年 9 月 17 日　木下行道・ぬいの長男として和歌山市に誕生		
		1913 年　ユダヤ人篤志家の基金で、ロサンゼルス郊外のドアルテ市内の砂漠に 2 つのテントを張り、結核療養所としてスタート
和歌山中学、第三高等学校 (旧制)卒業後、東京帝国大学に入学		
1920 年 12 月に東京帝国大学医学部卒業後、東大医学部病理教室に入局		運営は Jewish Communitive Relief Association (JCRA) of Southern California
1922 年に北大・病理学教室の助手となりそのまま 4 年間、ドイツ、フライブルグのアショフ教授の下で病理学を、イギリス・ロンドンのスターリング教授のもとで生理学を学んだ後に、大正 15 年（1926 年）5 月に北大病理学教室に教授として帰国		ユダヤ人篤志家中心に、全米から寄付金を集め、無料で結核患者が静養できるサナトリウムとして発展（無料での治療は 1970 年代まで続いた）
日本帰国前にイギリス人フローレンス・マルゲリータ・リストンと結婚		
1926 年 北海道帝国大学医学博士		
	1928 年 2 月 1 日　朝鮮総督府の役人であった大野謙一・敏子の次男としてソウル市で誕生	
1934 年　阪大医学部第一病理学教室・教授として赴任（1933-51 阪大教授、1951 年 - 阪大名誉教授）		1933-53 年　サムエル・ゴルター (Samuel H. Golter) がエグゼクティブ・ディレクターとして、治療、研究、医学教育に高い理念を掲げて、今日の COH 発展の方向に導いた。
	京城師範学校附属小学校 7 歳より乗馬を始める	1935 年　7 歳のアーネスト・ボイトラーがナチス・ドイツを逃れミルウォーキーに移住
1937 年　宿題課題発表「発癌性化学物質の研究」日医会誌 , 27: 665-727, 1937.		

シティ・オブ・ホープ年表

	世界の状況	日本の状況
1871	ドイツ帝国成立 パリ・コミューン成立	1871年11月-1873年9月　岩倉使節団がアメリカ合衆国・ヨーロッパ諸国訪問。総勢107名中43名の留学生を占め、アメリカには14名が留学
1893	シカゴ万博開催	日本解剖学会創立 海軍軍令部設置
1894	朝鮮東学党の乱	1894-95年　日清戦争 北里柴三郎ペスト菌発見
1904	パナマ運河起工	1904-06年　日露戦争
1913	中国国民党分裂 孫文日本に亡命 袁世凱大総統就任 第2次バルカン戦争	桂内閣総辞職 日比谷暴動
1914	サラエボ事件 1914-18年　第一次世界大戦	ドイツに対し宣戦布告 株価大暴落
1920	国際連盟成立 ガンディー、インド国民運動を指導 ポーランド・ソビエト戦争	国際連盟に加入(常任理事国) 戦後恐慌 日本最初のメーデー
1922	ソビエト社会主義共和国連邦樹立宣言 世界初のインスリン投与が行なわれる アイルランド内戦勃発 トルコ革命	ワシントン海軍軍縮条約調印 アインシュタイン来日 日本初の人権宣言「水平社宣言」
1923	ネパール独立	関東大震災 帝国ホテル完成
1926	蒋介石北伐開始 ドイツ国際連盟加入	大正天皇崩御(昭和と改元) 1926年12月25日 昭和天皇即位
1928	パリ不戦条約調印 世界恐慌おこる フレミング、ペニシリン発見	特別高等警察設置 張作霖爆死事件
1932	リットン調査団来朝・報告書発表	5・15事件 満州国承認 佐々木隆興・吉田富三肝臓癌の人工発生研究発表
1933	ナチス・ドイツの台頭 ニューディール政策開始	癌研究所創立
1935	ヒトラー、ナチスの再軍備を宣言 エチオピア戦争 ペルシャがイランに改称	湯川秀樹中間子仮説発表 相沢事件 美濃部達吉天皇機関説問題化
1937	6月　米国国立の癌研究所、National Cancer Institute（NCI）設立	盧溝橋事件、日中戦争勃発 日独伊防共協定成立

木下良順の経歴	大野乾の経歴	シティ・オブ・ホープ（COH）の歴史
		1938 年　サナトリウム 25 周年
昭和 14 年 (1939 年)9 月 27 日に、木下はイェール大学医学部で招待講演。それに先立ち、アトランティック・シティで開催された、第 3 回国際癌研究大会で特別招待者として講演	京城中学校	
戦争中も、病理学と言う戦力増強から遠い学問であるにもかかわらず、何かと研究費を集め、神戸女学院の校内に疎開して運動場の一隅に動物小屋を建て、DAB 肝癌の研究を継続	慶應の工学部予科入学するも、内地に引き揚げてから、東京農工大学・獣医学科に転校	
1945 年 9-10 月　アメリカからの原爆傷害調査委員会の通訳として広島・長崎訪問。阪大で病理学教授として、調査委員会議主宰		
		1946 年 9 月 JCRA の年会にて名称の変更と COH National Medical Center 構想の発表
戦後の混乱中で、高い語学力と見識がものをいい、進駐軍の軍医との交流も深く、医学教育と医療面での対応に奔走する。		1947 年　病院中央棟が完成
1947-49　大阪市立医科大学の創立に学長を兼任して尽力する。		
1949 年 1 月　アメリカがん学会の招待で、東部から西部までの研究機関と大学を訪問。 1949 年 7 月 1 日　横浜港から妻フローレンス・養女昭子とともに渡米（83 歳の母・ぬいを大阪に残して） 1949-52 年　UCLA 医学校　病理・感染部門　客員教授	1949 年　東京農工大学大学院獣医学研究科修了、獣医学博士　東大・伝染病研究所 (現医科研）助手	1949 年　COH を難治疾患治療センター・がん研究所にするとの方針で、資金集めと準備始まる。
1952-54 年 COH 研究所・所長 UCLA に来て間もない大野に COH 研究所に来るように要請	1952 年 8 月　渡米後、カリフォルニア大学ロサンゼルス校研究員から新設の COH 研究所の研究員に転出	1952 年 5 月　COH 研究所創設。研究所長には、共同研究を進めていた UCLA 医学校のチャールス・カーペンター教授が木下を推薦：木下・大野らの最初の研究グループ発足
		1953-85 年　ベン・ホロビッツ（Ben Horowitz）が最高執行責任者（Chief Exective）として医療センターと研究所の発展に大きく貢献：大野は後に遺伝子学 Ben Horowitz 終身チェアーを受ける
1954-58 年　COH 研究所　細胞学・遺伝学部門長	1954 年 3 月　翠が渡米、新婚生活始まる。当時の COH 幹部からの依頼で、ウサギの骨髄中の骨髄細胞を映画 3 巻に収録。そのうちの 1 巻が科学映画祭で一等賞受賞	1954 年 ユージン・ロバーツが生化学部門長として着任 1956 年 6 月―1957 年 5 月　森博愛博士が循環器内科に留学 (フルブライト奨学生)

	世界の状況	日本の状況
1938	ナチス・ドイツ、オーストリアを併合	1938年（昭和13年）日独伊3国同盟、国連脱退、支那事変勃発
1939	1939-45年　第二次世界大戦 独軍ポーランド進攻(第2次世界大戦開始) チリ大地震	ノモンハン事件 零戦試験飛行
1941	独、ソ連に宣戦	1941年12月8日　真珠湾攻撃、南部仏印へ進駐 対米英宣戦布告
1945	ヤルタ会談 ベルリン陥落 ソ連対日宣戦 中国国民政府と中共の内戦始まる	米軍沖縄上陸 1945年8月6日広島、9日長崎に原爆投下 ポツダム宣言受諾、終戦
1946	ソ連、千島・樺太領有宣言 インドシナ戦争始まる	天皇の人間宣言 日本国憲法公布 極東軍事裁判開廷
1947	インドがパキスタンを分離・独立 英・エリザベス女王結婚式	日本国憲法施行 2・1ゼネスト中止指令 学校教育法施行
1949	中華人民共和国成立 東西両ドイツ政府成立 ソ連核実験成功	湯川秀樹ノーベル物理学賞受賞 ドッジ・ライン実施 下山事件、松川事件
1951	サンフランシスコ平和条約	日米安全保障条約調印
1952	韓国・李承晩ライン設定 エリザベス2世女王即位 ヘルシンキオリンピック開催	1952年　サンフランシスコ講和条約を調印し日本が国際社会に復帰 血のメーデー事件
1953	マッカーシー旋風 朝鮮休戦協定	衆議院・バカヤロー解散 奄美諸島復帰
1954	ビキニ水爆実験 インドシナ休戦協定	1954年2月日本航空初の国際線となる東京（羽田空港）- ホノルル - サンフランシスコ線の運航を開始 和田昭允東京大学名誉教授を始めとする初期フルブライト留学生の渡米

木下良順の経歴	大野乾の経歴	シティ・オブ・ホープ（COH）の歴史
	1956-61 年　大野・キャプラン・シスキンと共に、クロマチン、性染色体細胞学的解析で、23 編余りの原著論文を出す	
1958 年 -　COH 研究所 実験病理学部門長		
	1959 年　バー小体の発見（木下、キャプランとの共著）最初の重要な研究	1959 年　アーネスト・ボイトラーが医学研究部門長として着任 (1978 年　スクリプス研究所に転出）
1961 年　日本病理学会総会で講演（UCLA に転出後、初めての日本帰国を果たすも、母はすでに 89 歳でこの世を去っていた）	1961 年　理学博士（北海道大学）「哺乳類及び性染色体の二重性格と系統進化（英文）」	
発癌研究の継続と、日本からの多数の研究者の訪問を受け、指導と育成に全力を注ぐ		1962 年　大野のバー小体に啓発されたボイトラーが、X 染色体不活性化を生化学的に実証
	1963 年 1 月 4 日発行のタイム誌に女性の X 染色体がモザイクとの親友ボイトラーとのバー小体関連研究成果が掲載	
	1966-81 年　生物学研究部部長	
		1967 年　池田和夫 (2016 年没）が神経生理学部門の竹内昭 (1966.8-1968.3) の紹介で着任
1969 年　脳血栓で右下半身不随になるも医者に奇跡と言われるまでに回復		1969 年　アーサー・リッグス着任
	1970 年　「遺伝子重複による進化」仮説を発表　1972 年　ジャンク DNA の提唱	
1971 年　木下フローレンス永眠。ドアルテ市から太平洋を望むロストピーク・デニス・昭子邸に居を移す		
		1972 年　吉田昭着任 (97 年退職)
	1975 年までに、アーサー・リッグスと板倉啓壹を招聘し、COH を遺伝子工学・抗体医薬の発祥の地と導く	1975 年　板倉啓壹着任

	世界の状況	日本の状況
1956	スエズ戦争 ハンガリー動乱	東海村に原子力研究所設置を決定 日ソ共同宣言 国際連合に加盟
1958	アラブ連合共和国成立	東京タワー竣工 新特急こだま運転開始
1959	キューバ革命	初の金属ウラン完成 皇太子、正田美智子と結婚
1960	日米相互協力及び安全保障条約調印 アフリカで独立相次ぐ 経済協力開発機構（OECD）創設	安保闘争デモ参加の東大学生、樺美智子が圧死
1961	米大統領にケネディ就任 韓国、5・16 軍事クーデター ベルリンの壁建設	農業基本法成立 三船敏郎がヴェネチア国際映画祭で最優秀男優賞を受賞
1962	キューバ危機	国立がんセンター診療開始
1963	ケネディ暗殺	東海村で原子力発電開始
1964	パレスチナ解放機構（PLO）設立 トンキン湾事件	東海道新幹線開業 東京オリンピック
1966	中国文化大革命	
1967	第 3 次中東戦争勃発	70 年安保闘争始まる
1969	中ソ国境紛争 アポロ 11 号月着陸	東大安田講堂に機動隊突入 理研濃縮ウランの国産化に成功と発表
1970	印パ全面戦争	日航『よど号』事件 三島由紀夫自決事件 大阪万博
1971	キッシンジャー補佐官中国を訪問 スミソニアン合意	ドル・ショック 雫石上空で全日空機と自衛隊機が衝突
1972	バングラデシュ独立 ローマクラブ『成長の限界』を発表	沖縄返還 日中共同声明調印 (日中国交回復) 連合赤軍浅間山荘事件 札幌オリンピック
1975	ベトナム戦争終結 米ソ宇宙船のドッキング成功	天皇・皇后訪米 沖縄海洋博覧会

木下良順の経歴	大野乾の経歴	シティ・オブ・ホープ（COH）の歴史
1976 年 3 月　昭子さんに伴われ、国際乳癌研究会の名誉会長として最後の日本訪問を果たす		1976 年　骨髄移植の開始　(2016 年に 40 周年を祝う)
1977 年 (昭和 52 年) 9 月 7 日永眠。83 歳		1977 年　山口陽子 着任
		1977-78 年　リッグスと板倉を中心にヒト遺伝子の大腸菌での発現に成功：ソマトスタチン、インスリン、成長ホルモン
		1980 年　林泉着任 (1993 年没)
	1981 年 日本人類遺伝学会賞受賞 1981 年　米国科学アカデミー会員に選出。生物学部門長をリッグスに譲り、COH 初の遺伝子学 Ben Horowiz 終身チェアーとなり自身の研究に邁進	1981 年　COH 病院・研究所が NCI 公認がんセンターに指定され今日につながる。松永丈志着任 (1986 年転出) (1945-2003)
		1982 年　リッグスらの抗体医薬の基礎研究がヒト化抗体の特許となる。板倉分子遺伝部長が入るキャプラン・ブラック棟が完成
		1983 年　ベックマン社創立者・ベックマン博士の寄付により COH ベックマン研究所の設立
	遺伝子音楽の作曲、カンブリア紀の爆発的進化・仮説	
		1994 年　COH 大学院の創設
	1996 年　退職	
		1996 年ころから、生物、神経科学、免疫と 3 部門が中心であった COH 研究所が NCI 公認がんセンターとして組織拡大。
	1998 年 デンマーク王立科学文学アカデミー新設マルガレーテ女王賞第 1 回基礎科学賞受賞	
	1999 年 7-8 月　スティーブ・ノバックによるインタビュー（COH の口述記録)。11 月 6 日　大野乾記念ベックマンシンポジウム「進化」を開催	遺伝子診断、病因学などの分野を追加。平屋建と 2 階までの病棟・研究室が拡がっていたが、4-6 階の建造物が次第に増加。
	2000 年 1 月 13 日　永眠、72 歳	従来の 3 部門が改組され 2016 年には 14 部門と細分化
		2013 年　COH 創立 100 周年

年表作成：山口陽子

	世界の状況	日本の状況
1976	南北ベトナムが統一 エボラ出血熱発生	ベレンコ中尉亡命事件
1977	文化大革命終結宣言	ロッキード疑獄事件 赤軍、ダッカ事件
1978	世界最初の体外受精児が誕生	日中平和友好条約調印
1980	イラン・イラク戦争	冷夏のため水稲大不作
1981	エジプト大統領暗殺事件 フランス、死刑を廃止 スペースシャトル・コロンビア打ち上げ成功	作家の向田邦子が台湾で事故死 神戸ポートピア 81 が開幕 校内暴力史上最多
1982	フォークランド紛争	東北新幹線・上越新幹線開通
1983	大韓航空機撃墜事件 フィリピン、アキノ暗殺事件	三宅島大噴火
1989	中国天安門事件 ベルリンの壁崩壊	1989 年　昭和天皇崩御 明仁天皇即位
1994	南ア大統領にマンデラ就任	松本サリン事件
1996	在ペルー日本大使公邸占拠事件	O157 による食中毒が全国で発生
1997	香港返還 京都議定書	北海道拓殖銀行破綻 山一証券破綻
1998	インド、パキスタン地下核実験	長野オリンピック開催
1999	「国境なき医師団」、ノーベル平和賞受賞 インドネシア、東ティモールの独立承認	東海村核燃料工場で国内初の臨界事故
2000	南北朝鮮首脳、初会談	三宅島噴火 沖縄サミット
2013	H7N9 鳥インフルエンザ発生	インターネット選挙運動が開禁

■ 著者略歴

早川 智（はやかわ・さとし）

日本大学医学部病態病理学系微生物学分野主任教授（病理学系主任併任）。

1958 年岐阜県関市生まれ。1983 年日本大学医学部卒業。1987 年日本大学大学院修了（医学博士）。1985 ～ 86 年シティ・オブ・ホープ研究所生殖遺伝学部門にて大野乾博士に師事。国立感染症研究所を経て、2004 年日本大学医学部助教授（先端医学講座・感染制御科学）。2007 年より現職。

著書に『戦国武将を診る──源平から幕末まで、歴史を彩った主役たちの病』（朝日新聞出版）、『ミューズの病跡学 I 音楽家編』、『ミューズの病跡学 II 美術家編』、『源頼朝の歯周病──歴史を変えた偉人たちの疾患』（診断と治療社）、『今日の治療指針 2015（分担執筆）』、『今日の診断指針（分担執筆）』、『標準微生物学　12 版（分担執筆）』（医学書院）ほか。

山口（藤田）陽子（やまぐち・ふじた・ようこ）

シティ・オブ・ホープ・ベックマン研究所・糖尿病代謝研究部門・名誉教授。
1977 年東京大学にて農学博士号取得。医学部第 2 生化学教室学振博士研究員を 5 ヶ月で返上、渡米。シティ・オブ・ホープ研究所で 3 年のポスドク後、1980 ～ 2000 年分子遺伝部門で研究室を主宰、1992 年教授、2000 年に帰国。2014 年までベックマン研究所・分子細胞生物学部門教授および東海大学工学部生命化学科教授を兼任。のちシティ・オブ・ホープ研究所に復帰。現在、シティ・オブ・ホープ・ベックマン研究所と日本の研究者・学生らの交流を促進する活動のディレクターを務める。

シティ・オブ・ホープ 物語《ものがたり》
木下良順《きのしたりょうじゅん》・大野乾《おおのすすむ》が紡《つむ》いだ日米科学交流《にちべいかがくこうりゅう》

2016年11月20日　初版第1刷発行

著　者　早川 智　山口陽子
発行者　佐々木久夫
発行所　株式会社 人間と歴史社
東京都千代田区神田小川町 2-6　〒101-0052
電話　03-5282-7181（代）／FAX　03-5282-7180
http://www.ningen-rekishi.co.jp
装　丁　人間と歴史社制作室＋植村伊音
印刷所　株式会社 シナノ

ISBN 978-4-89007-205-7　C0020

人間と歴史社

グローバルビジョンと5つの課題 岐路に立つ国連開発

B・ジェンクス B・ジョーンズ 編　丹羽敏之 監訳

1 気候変動とエネルギー
2 食糧安全保障
3 持続可能な開発
4 グローバルヘルス
5 脆弱国

本書では 5 つの課題に対するこの 10 ～ 15 年間の変化過程を分析・評価し、現在と未来の「あるべき姿」と「果たすべき役割」について論じる。

定価 3,000 円 + 税
ISBN 978-4-89007-199-9

岐路に立つ国連開発

変容する国際協力の枠組み

B・ジェンクス
B・ジョーンズ 編
丹羽敏之 監訳
定価 3,800 円 + 税

世界経済はこの 20 年間に歴史的規模の変貌を遂げた。「開発協力」もまたこの 20 年の間に変わった。本書は、国際社会が直面している課題と開発協力の現状を徹底分析し、「3つのシナリオ」を提示しつつ開発協力の未来像を探る。

ISBN 978-4-89007-193-7

Cradle to Cradle

サステイナブルなものづくり ゆりかごからゆりかごへ

C2C

ウィリアム・マクダナー＋マイケル・ブラウンガート
岡山慶子・吉村英子●監修　山本 聡・山崎正人●訳

定価 1,600 円 + 税
ISBN 978-4-89007-175-3

21 世紀は資源欠乏の時代である。この時代を乗り切るためには資源の節約と再利用は絶対不可欠である。ビル・マクダナーは本書において、自然環境の尊重、健全な経済の実現、世界に対する責任という視点から、全生命を持続させる社会に向けた行動計画を打ち出している。